SOMMAIRE

Des idées de menus à dévorer pour...

RÉUSSIR UN APÉRO

Dip de légumes, p. 6

Samosas, p. 48

Rillettes poulet-curcuma, p. 60

ÉPATER SES INVITÉS

Crémeux de pois chiches, p. 20

Lieu au citron confit, p. 78

Bavarois au citron, p. 168

SE RÉCONFORTER L'HIVER

Soupe de patates douces et carottes, p. 12

Petits choux au lapin, p. 104

Coulants chocolat-piment, p. 156

SE RÉGALER LES BEAUX JOURS

PARTAGER DES GRANDES TABLÉES

MANGER LÉGER

DIP DE PETITS LÉGUMES

Pour 4 personnes
Préparation : 15 minutes

400 g d'un mélange de petits légumes au choix
100 g de fromage de chèvre frais
1 yaourt brassé
2 cuill. à soupe d'aneth ou de ciboulette ciselée
Sel et poivre du moulin

1. Préparez un mélange de petits légumes de votre choix : jeunes carottes, concombres, petits champignons de Paris, branches de jeune céleri, etc. Taillez-les en petits bâtonnets ou en morceaux de la taille d'une bouchée. Si certains sont un peu fermes, plongez-les entre 30 secondes et 1 minute dans l'eau bouillante, puis égouttez-les et laissez refroidir.

2. Émiettez le fromage dans un bol, écrasez-le sommairement à la fourchette, puis battez-le au fouet avec le yaourt, jusqu'à ce que le mélange soit homogène et onctueux. Goûtez, salez et poivrez à votre goût, puis ajoutez les herbes ciselées.

3. Réservez les légumes et le dip au réfrigérateur jusqu'au moment de servir, couverts de film alimentaire.

POUR LES VÉGÉTARIENS

AUBERGINES À LA MOZZARELLA

Pour 4 personnes
Préparation : 15 minutes
Cuisson : 10 à 15 minutes

2 aubergines d'environ 250 g chacune
150 g de mozzarella
200 g de dés de tomate au naturel
Huile d'olive
Origan
Sel et poivre du moulin

POUR LES VÉGÉTARIENS ★★★

1. Allumez le gril du four.

2. Coupez 8 tranches de 3 mm d'épaisseur dans la longueur des aubergines. Rangez-les sur une plaque, enduisez-les légèrement d'huile d'olive au pinceau et faites-les cuire 3 ou 4 minutes de chaque côté, jusqu'à ce qu'elles soient dorées. Sortez-les du four et égouttez-les sur du papier absorbant.

3. Taillez la mozzarella en lamelles de 3 ou 4 mm.

4. Posez 4 des tranches d'aubergine dans un plat à four, recouvrez-les de la moitié de la tomate et des lamelles de mozzarella. Salez, poivrez et parsemez d'origan. Renouvelez l'opération, en plaçant le reste des tranches d'aubergine sur les premières, comme pour faire des lasagnes. Terminez par la mozzarella.

5. Glissez à nouveau le plat sous le gril, à mi-hauteur du four, et laissez gratiner de 5 à 10 minutes, pour que la mozzarella fonde et commence juste à dorer. Servez à la sortie du four.

BEIGNETS DE PATATES DOUCES

Pour 4 personnes
Préparation : 20 minutes
Cuisson : 3 à 4 minutes
Repos : 1 heure

- 400 g de patates douces
- 2 oignons nouveaux
- 120 g de farine
- 30 g de Maïzena®
- 10 cl de lait de coco
- 1 œuf
- 1 cuill. à café de levure chimique
- ½ cuill. à café de sel
- Piment moulu, doux ou fort selon le goût
- Huile de friture

1. Épluchez les patates douces. Râpez-les au robot avec une grille à gros trous. Rincez-les et épongez-les. Parez et hachez très finement les petits oignons.

2. Mélangez la farine, la Maïzena®, la levure et le sel dans un saladier et faites une fontaine au milieu. Battez l'œuf avec le lait de coco et 3 ou 4 cuillerées à soupe d'eau, puis versez progressivement le mélange dans le creux, en fouettant jusqu'à l'obtention d'une pâte bien lisse, fluide sans être trop liquide. Laissez reposer 1 heure à température ambiante.

3. Faites chauffer l'huile de friture à 180 °C.

4. Incorporez les patates douces, les oignons et un peu de piment à la pâte et mélangez vivement.

5. Prélevez des cuillerées de la préparation et faites-les glisser dans l'huile chaude par petites quantités. Laissez frire 3 ou 4 minutes, en retournant les beignets une fois, jusqu'à ce qu'ils soient bien dorés.

6. Sortez-les au fur et à mesure avec une écumoire et égouttez-les sur du papier absorbant. Servez chaud.

SOUPE DE PATATES DOUCES
et carottes

Pour 4 personnes
Préparation : 10 minutes
Cuisson : 20 minutes

2 patates douces (800 g environ)
2 carottes
1 oignon
3 ciboules ou cives
10 cl de lait de coco
2 cuill. à soupe de coriandre ciselée
1 cm de gingembre frais pelé et râpé
1 cuill. à soupe de curry en poudre
1 cuill. à soupe d'huile d'olive
1 cube de bouillon de légumes
Sel et poivre du moulin

1. Pelez les patates douces et les carottes, puis lavez et essuyez-les. Coupez-les en morceaux. Hachez finement les ciboules. Pelez et émincez l'oignon.

2. Chauffez l'huile dans une cocotte à fond épais. Faites-y revenir l'oignon avec 1 pincée de sel pendant 2 minutes, en remuant. Ajoutez le gingembre et saupoudrez de curry. Remuez 1 minute. Puis ajoutez les patates douces et les carottes, la moitié de la coriandre et les ciboules. Versez le lait de coco dans lequel vous aurez émietté le cube de bouillon. Mouillez à hauteur. Couvrez et laissez cuire de 15 à 20 minutes à feu moyen.

3. Mixez les légumes en versant le bouillon de cuisson progressivement, selon la texture souhaitée. Rectifiez l'assaisonnement de la soupe. Servez-la chaude, parsemée du reste de coriandre.

POUR LES
SOIRÉES D'HIVER
★★★

RAMEQUINS DE PLEUROTES

Pour 4 personnes
Préparation : 20 minutes
Cuisson : 30 à 40 minutes

300 g de pleurotes
2 petites échalotes
1 cuill. à soupe de persil plat ciselé
2 œufs + 2 jaunes
30 cl de crème liquide
15 g de beurre + un peu pour les moules
1 cuill. à soupe de Maïzena®
délayée dans ½ tasse d'eau
Sel et poivre du moulin

1. Épluchez et hachez finement les échalotes.

2. Coupez la base du pied des champignons. Nettoyez-les soigneusement sans les faire tremper. Émincez-les sommairement. Faites revenir les champignons à feu assez vif dans une grande poêle, avec 15 g de beurre, en remuant souvent, jusqu'à ce que toute l'eau de végétation soit évaporée. Salez, poivrez, parsemez de persil ciselé et d'échalotes. Laissez encore 1 ou 2 minutes à feu moyen en remuant.

3. Cassez les œufs dans un grand bol. Ajoutez les jaunes, la Maïzena® et la crème, salez et poivrez, puis fouettez jusqu'à ce que l'ensemble soit bien homogène.

4. Préchauffez le four à 150 °C (th. 5).

5. Beurrez 4 ramequins. Répartissez les champignons dans les moules, puis versez la crème aux œufs, sans remplir complètement. Placez les ramequins dans un bain-marie et faites cuire de 30 à 40 minutes, ou jusqu'à ce que la crème soit prise.

6. Laissez reposer 5 minutes avant de servir.

ŒUFS EN GELÉE EN VERRINES

Pour 4 personnes
Préparation : 25 minutes
Cuisson : 25 minutes
Réfrigération : 1 heure

4 œufs très frais
8 feuilles d'estragon
2 gros cornichons
1 sachet de gelée instantanée
2 cuill. à soupe de vinaigre de cidre

1. Versez 1 litre d'eau et le vinaigre dans une large casserole et portez à frémissements. Cassez 2 œufs dans 2 tasses, glissez-les rapidement dans l'eau et faites-les pocher 4 minutes en ramenant le blanc sur le jaune avec une écumoire. Égouttez-les sur du papier absorbant et recoupez nettement le tour. Faites cuire les 2 autres œufs de la même manière. Laissez refroidir.

2. Réservez 4 rondelles de cornichon et hachez finement le reste. Ciselez 4 feuilles d'estragon.

3. Préparez la gelée avec 50 cl d'eau et laissez-la tiédir sur feu doux. Quand elle commence à épaissir, ajoutez les cornichons et l'estragon ciselé. Mélangez, puis versez-en 1 cm dans des verres et le reste dans un plat creux, sur 1 cm d'épaisseur. Laissez prendre 1 heure au réfrigérateur.

4. Posez 1 œuf dans chaque verre, sur la gelée prise. Hachez le reste de la gelée en petits dés au couteau et répartissez-la sur les œufs. Décorez chacun d'une feuille d'estragon et d'une rondelle de cornichon.

POUR LES
REPAS
FESTIFS
★★★

TARTES FINES CHÈVRE-MIEL

Pour 4 personnes
Préparation : 15 minutes
Cuisson : 10 minutes

1 rouleau de pâte feuilletée
100 g de pousses d'épinard
4 petits chèvres assez frais (cabécous, crottins)
4 cuill. à soupe de miel liquide
1 cuill. à soupe d'huile d'olive
½ cuill. à soupe de vinaigre balsamique
Thym
Sel et poivre du moulin

1. Lavez et essorez les pousses d'épinard. Réservez.

2. Préchauffez le four à 190 °C (th. 6-7). Recouvrez une plaque de papier sulfurisé. Déroulez la pâte sur le plan de travail. Munissez-vous d'un emporte-pièce d'un diamètre supérieur de 4 cm à celui des fromages et découpez 4 disques de pâte. Rangez-les sur la plaque et piquez toute leur surface avec une fourchette.

3. Posez un petit chèvre sur chaque disque, donnez quelques tours de moulin à poivre et salez légèrement si les fromages sont très frais. Enfournez et faites cuire environ 10 minutes, ou jusqu'à ce que la pâte soit dorée.

4. Assaisonnez les pousses d'épinard avec l'huile d'olive, le vinaigre balsamique, un peu de sel et de poivre. Répartissez-les dans 4 assiettes.

5. Sortez les tartelettes du four, laissez reposer 5 minutes et posez-les sur la salade. Faites couler 1 cuillerée à soupe de miel sur chacune des tartelettes et parsemez de thym.

CRÉMEUX DE POIS CHICHES

Pour 4 personnes
Préparation : 20 minutes

4 grosses crevettes roses cuites
300 g de pois chiches cuits au naturel
1 cuill. à café de cumin moulu
2 cuill. à soupe de feuilles de coriandre ciselées
½ cuill. à café de purée de piment
3 cuill. à soupe de jus de citron vert
1 cuill. à soupe de nuoc-mâm
7,5 cl d'huile d'olive
½ cuill. à café de sucre en poudre
3 cuill. à soupe d'eau glacée
Sel

1. Mélangez la purée de piment, le sucre en poudre, le jus de citron vert, le nuoc-mâm et l'eau glacée dans un bol.

2. Retirez la tête des crevettes et décortiquez les queues. Mettez-les dans la sauce, ajoutez la coriandre et remuez pour bien les imprégner. Réservez au frais.

3. Versez les pois chiches dans une passoire et rincez-les à l'eau froide. Égouttez-les, puis mettez-les dans le bol d'un robot. Ajoutez l'huile d'olive, le cumin, un peu de sel, puis mixez quelques minutes, en ajoutant juste assez d'eau pour obtenir une purée assez épaisse, lisse et onctueuse.

4. Répartissez la crème de pois chiches dans 4 coupelles. Creusez légèrement le centre avec le dos d'une cuillère.

5. Au moment de servir, placez une crevette dans le creux et nappez du reste de la sauce.

CHAMPIGNONS AU YAOURT

Pour 4 personnes
Préparation : 10 minutes

300 g de champignons de Paris
Le jus de ½ citron
1 yaourt
1 cuill. à café de moutarde douce
1 cuill. à soupe de coriandre ou de ciboulette finement ciselée
1 cuill. à soupe d'huile d'olive
Sel et poivre du moulin

1. Coupez la base sableuse du pied des champignons. Lavez-les rapidement sous l'eau froide sans les faire tremper, puis épongez-les dans du papier absorbant.

2. Versez le jus de citron dans un petit saladier.

3. Émincez les champignons en lamelles de 2 ou 3 mm et mettez-les au fur et à mesure dans le jus de citron. Remuez.

4. Fouettez le yaourt avec la moutarde et l'huile d'olive, un peu de sel et de poivre. Ajoutez la coriandre ou la ciboulette et mélangez. Versez sur les champignons et mélangez bien. Servez frais.

POUR LES TRÈS PRESSÉS ★★★

CRUMBLE PROVENÇAL

Pour 4 personnes
Préparation : 30 minutes
Cuisson : 2 h 25

500 g de fonds d'artichaut surgelés
300 g de tomates
80 g d'olives noires
1 cuill. à soupe de basilic ciselé
1 cuill. à café de concentré de tomate
3 à 4 cuill. à soupe d'huile d'olive

Pour le crumble :
100 g de chapelure
50 g de farine
50 g de beurre ramolli
2 cuill. à soupe d'huile d'olive
Sel et poivre du moulin

1. Préchauffez le four à 120 °C (th. 4). Plongez les tomates 20 secondes dans l'eau bouillante, pelez-les, coupez-les en quartiers et épépinez-les. Rangez-les sur une plaque huilée, salez légèrement et glissez au four. Laissez confire 2 heures.

2. Mettez les artichauts dans une casserole avec 2 cuillerées à soupe d'huile d'olive, le concentré de tomate et 50 cl d'eau. Salez, poivrez, et faites cuire de 8 à 10 minutes. Égouttez-les.

3. Préchauffez le four à 180 °C (th. 6) et huilez un plat à gratin. Rangez-y les artichauts et garnissez-les des tomates et des olives. Parsemez de basilic et arrosez d'un peu d'huile d'olive.

4. Pour le crumble, mettez le beurre en petits dés, la chapelure, la farine, 1 pincée de sel et l'huile d'olive dans un bol. Mélangez du bout des doigts jusqu'à l'obtention d'une consistance granuleuse. Recouvrez-en les légumes et faites cuire environ 25 minutes au four.

5. Laissez reposer 5 minutes et servez.

POUR LES
DÎNERS
D'ÉTÉ
★★★

TABOULÉ DE QUINOA

Pour 4 personnes
Préparation : 20 minutes
Cuisson : 10 à 15 minutes

100 g de quinoa
1 bouquet de persil plat
1 à 2 tiges de menthe fraîche
4 oignons nouveaux ou
1 petit oignon rouge
3 tomates
Le jus de 2 citrons
2 à 3 cuill. à soupe d'huile d'olive
Quelques belles feuilles de laitue
Sel

1. Faites cuire le quinoa de 10 à 15 minutes à l'eau bouillante salée, selon les instructions de l'emballage. Rafraîchissez-le sous l'eau froide dans une passoire et égouttez-le. Mélangez-le dans un saladier avec l'huile d'olive et le jus de citron.

2. Pelez les tomates après les avoir plongées 15 secondes dans l'eau bouillante, épépinez-les et taillez-les en petits dés. Épluchez et hachez très finement les oignons. Rincez et épongez les herbes, retirez les grosses tiges et ciselez-les sommairement. Incorporez les herbes, les tomates et les oignons à la graine en remuant délicatement. Goûtez et rectifiez l'assaisonnement.

3. Disposez les feuilles de salade sur le tour d'un plat légèrement creux et versez le taboulé au centre. Servez à température ambiante.

POUR LES VÉGÉTARIENS

CLAFOUTIS DE POIREAUX

Pour 4 personnes
Préparation : 20 minutes
Cuisson : 30 minutes

3 petits blancs de poireau
3 œufs
30 cl de crème liquide
30 g de beurre
+ un peu pour les moules
50 g de farine
1 cuill. à café de curry
en poudre (facultatif)
Sel et poivre du moulin

1. Fendez les blancs de poireau en deux dans la longueur sans séparer complètement les deux moitiés. Lavez-les avec soin, puis épongez-les. Émincez-les ensuite en fines rondelles.

2. Faites-les fondre de 10 à 15 minutes à feu doux avec le beurre, en remuant souvent, jusqu'à ce qu'ils soient bien tendres. Retirez du feu et laissez tiédir.

3. Préchauffez le four à 160 °C (th. 5-6). Beurrez un plat à four ou des ramequins individuels.

4. Cassez les œufs dans un grand bol et battez-les vivement en incorporant progressivement la farine et la crème. Salez, poivrez et ajoutez le curry. Ajoutez les poireaux et mélangez.

5. Répartissez la préparation dans les ramequins et faites cuire environ 30 minutes au four. Servez chaud ou laissez tiédir légèrement.

EFFEUILLÉE DE THON AU SOJA

Pour 4 personnes
Préparation : 15 minutes
Cuisson : 5 minutes

350 g de thon au naturel
4 petites feuilles de chou chinois (ou 2 grandes)
3 échalotes
5 cuill. à soupe d'huile neutre
3 cuill. à soupe de sauce soja claire
1 cuill. à soupe de sauce d'huître
1 cuill. à soupe de mirin
1 cuill. à soupe de nuoc-mâm
Le jus de 1 citron vert
1 pincée de cinq-épices
1 cuill. à soupe de coriandre ciselée

1. Épluchez les échalotes, émincez-les en fines rondelles et séparez les anneaux. Faites-les frire doucement à la poêle avec 2 cuillerées à soupe d'huile, jusqu'à ce qu'elles soient juste dorées et croustillantes. Égouttez-les sur du papier absorbant et laissez refroidir.

2. Mélangez le reste de l'huile, le mirin, le jus du citron vert, la sauce soja, la sauce nuoc-mâm et la sauce d'huître dans une petite casserole. Ajoutez la pincée de cinq-épices, portez à frémissements en remuant, retirez du feu et laissez tiédir.

3. Lavez et séchez les feuilles de chou. Retirez les grosses côtes et ciselez-les.

4. Égouttez bien le thon. Séparez-le à la fourchette pour obtenir de grosses lamelles.

5. Répartissez le chou dans 4 petites assiettes froides, disposez les lamelles de thon dessus et arrosez de la sauce tiède. Parsemez les échalotes dorées et la coriandre en surface au moment de servir.

GERMES DE SOJA EN SALADE

Pour 4 personnes
Préparation : 20 minutes
Réfrigération : 2 heures

300 g de germes de soja frais
1 petite carotte
1 petite gousse d'ail
1 cuill. à soupe de coriandre ciselée
½ à 1 cuill. à café de purée de piment
2 cuill. à soupe de vinaigre de riz ou de cidre
2 cuill. à soupe de sauce soja claire
1 cuill. à café de sucre blond en poudre
Sel

POUR LES ACCROS DE LA BALANCE ★★★

1. Triez les germes de soja. Rincez-les sous l'eau froide dans une passoire, égouttez-les.

2. Épluchez et lavez la carotte, râpez-la avec une grille moyenne.

3. Faites bouillir un grand faitout d'eau salée. Plongez-y le soja et faites repartir l'ébullition à feu vif. Dès qu'elle reprend, transvasez dans une passoire. Rafraîchissez le soja sous le robinet et égouttez-le.

4. Pelez et écrasez la gousse d'ail. Dans un saladier, délayez la purée de piment et le sucre avec le vinaigre, ajoutez l'ail, puis la sauce soja et mélangez. Ajoutez les germes de soja, la carotte râpée, la coriandre et remuez bien. Mettez au réfrigérateur et laissez mariner 2 heures en mélangeant de temps en temps. Servez très frais.

SOUPE À LA BETTERAVE

Pour 6 personnes
Préparation : 15 minutes
Cuisson : 1 h 15

500 g de bœuf à bouillir
300 g de céleri en branches
2 poireaux
250 g de chou rouge
300 g de champignons
600 g de betteraves cuites
15 cl de crème fraîche
Sel et poivre du moulin

1. Versez 2 litres d'eau dans une marmite. Ajoutez la viande taillée en petits cubes, le céleri effilé et tronçonné, les poireaux et le chou émincés, les champignons grossièrement hachés, du sel et du poivre. Portez à ébullition, écumez, puis couvrez et faites mijoter 1 heure 15.

2. Une vingtaine de minutes avant la fin de la cuisson, ajoutez les betteraves pelées et taillées en petits dés. Mélangez, rectifiez l'assaisonnement et servez très chaud dans des assiettes creuses, en ajoutant une grosse cuillerée de crème fraîche au milieu de l'assiettée.

POUR LES TRÈS NOMBREUX

TARTARE DE MAQUEREAU

Pour 4 personnes
Préparation : 30 minutes
Cuisson : 15 minutes
Congélation : 15 minutes

600 g de filets de maquereau sans peau
1 tige de citronnelle
1 petite carotte
1 échalote
1 noisette de gingembre frais
1 cuill. à soupe de sucre en poudre
10 cl de vinaigre de vin blanc
1 cuill. à soupe de sauce soja claire
Sel et poivre blanc

POUR LES ACCROS DE LA BALANCE

1. Vérifiez qu'il ne reste plus d'arêtes dans les filets de maquereau : s'il en subsiste, enlevez-les avec une petite pince. Rincez-les et épongez-les. Mettez-les 15 minutes au congélateur pour les raffermir.

2. Ôtez la feuille extérieure de la tige de citronnelle et coupez la partie verte. Pelez la carotte, l'échalote et le gingembre. Hachez l'ensemble aussi finement que possible.

3. Mettez les légumes hachés dans une petite casserole avec le sucre, le vinaigre de vin blanc et 10 cl d'eau. Portez à ébullition et faites réduire à feu vif pour ne conserver que 4 cuillerées à soupe de sauce. Ajoutez la sauce soja et laissez refroidir.

4. Hachez les filets de maquereau en tout petits dés avec un couteau bien aiguisé. Mettez-les au fur et à mesure dans un bol très froid. Ajoutez la sauce à la citronnelle, poivrez un peu et mélangez. Goûtez et rectifiez l'assaisonnement en sel. Répartissez dans des verrines et réservez au réfrigérateur jusqu'au moment de servir.

MOULES AUX POIREAUX

Pour 4 personnes
Préparation : 20 minutes
Cuisson : 5 minutes

2 kg de moules
2 blancs de poireau
50 g de beurre
15 cl de crème fraîche
15 cl de vin blanc sec
Poivre du moulin

1. Grattez et lavez les moules. Rincez-les à l'eau froide dans une passoire, égouttez-les, puis éliminez celles déjà ouvertes.

2. Lavez et épongez les blancs de poireau. Coupez-les en rondelles de 2 ou 3 mm. Faites-les fondre 10 minutes avec le beurre, dans un grand faitout placé à feu très doux, en remuant souvent. Quand ils sont bien tendres, versez le vin blanc et donnez quelques tours de moulin à poivre. Portez à petite ébullition et faites cuire 5 minutes.

3. Augmentez le feu et jetez les moules dans le faitout. Couvrez et faites-les ouvrir à feu vif, en secouant souvent le récipient. Quand les premières coquilles commencent à s'ouvrir, ajoutez la crème et poursuivez la cuisson, en remuant 1 ou 2 fois, jusqu'à ce que toutes les moules soient ouvertes. Retirez du feu et remuez encore une fois. Éliminez les coquillages restés fermés.

4. Retirez les moules et les poireaux avec une écumoire et mettez-les dans un plat creux bien chaud. Laissez réduire le jus de cuisson quelques instants à feu vif et versez-le sur les moules, en laissant le dépôt sableux dans le fond du faitout. Servez aussitôt.

CROSTINIS DE SARDINES

Pour 4 personnes
Préparation : 30 minutes
Réfrigération : 1 heure

8 belles sardines
50 g de beurre frais ou demi-sel (selon le goût)
4 grandes tranches de pain de campagne
1 poignée de jeunes pousses d'épinard
Le jus de ½ citron
1 cuill. à soupe de moutarde douce
Gros sel

1. Faites vider et étêter les sardines. Incisez-les tout le long de l'arête dorsale avec la pointe d'un petit couteau et tirez la peau pour l'enlever complètement. Rincez-les à l'eau fraîche, puis épongez-les.

2. Rangez les sardines dans un plat creux en les parsemant régulièrement, au fur et à mesure, d'un peu de gros sel. Réservez-les 1 heure au réfrigérateur.

3. Essuyez soigneusement les sardines l'une après l'autre avec du papier absorbant pour enlever tout le sel. Ouvrez-les et retirez l'arête centrale.

4. Faites légèrement griller les tranches de pain. Tartinez-les de beurre, puis enduisez-les d'une fine pellicule de moutarde. Posez quelques feuilles d'épinard sur chacune.

5. Déposez les filets de sardine sur les tartines. Arrosez-les de quelques gouttes de jus de citron avant de servir.

TORTILLAS THON-SALSA

Pour 4 personnes
Préparation : 20 minutes
Cuisson : 15 minutes
Repos : 15 minutes

4 tortillas souples de blé ou de maïs de taille moyenne
200 g de thon au naturel

Pour la salsa :
2 tomates moyennes
1 oignon nouveau
1 cuill. à soupe de feuilles de coriandre ciselées
Le jus de ½ citron vert
1 gousse d'ail
1 cuill. à café de purée de piment
¼ de cuill. à café de sel

1. Pelez les tomates après les avoir rapidement plongées dans l'eau bouillante. Retirez les graines, puis taillez-les en petits dés. Épluchez et hachez très finement l'oignon nouveau. Pelez et écrasez la gousse d'ail.

2. Mélangez la purée de piment, le sel, l'ail et le jus de citron vert dans un petit saladier, ajoutez les dés de tomate, l'oignon et la coriandre, et remuez délicatement. Laissez reposer 15 minutes à température ambiante.

3. Faites tiédir les tortillas de 5 à 10 minutes dans le four préchauffé à 100 °C (th. 3-4).

4. Égouttez bien le thon. Effeuillez-le à la fourchette, puis mélangez-le délicatement à la salsa. Posez les tortillas sur un plat, répartissez la garniture dessus, puis roulez-les. Servez aussitôt.

POUR LES DÎNERS D'ÉTÉ

CROQUE-MONSIEUR
aux sardines

Pour 4 personnes
Préparation : 15 minutes
Cuisson : 15 minutes

4 ciabattina
(pains plats italiens)
4 cuill. à soupe
de persil plat ciselé
150 g de beurre demi-sel
4 œufs
2 boîtes de sardines à l'huile
(2 douzaines de sardines)
4 cuill. à soupe de purée
de tomates
Sel

1. Faites cuire les œufs pendant 10 minutes dans une casserole d'eau bouillante salée. Rafraîchissez-les, puis écalez-les. Réservez.

2. Faites ramollir le beurre en le travaillant en pommade.

3. Égouttez les sardines, mettez-les dans un saladier et ajoutez le persil et la purée de tomates. Mélangez en écrasant grossièrement le poisson.

4. Préchauffez le gril du four à 180 °C (th. 6).

5. Ouvrez les pains en deux. Tartinez l'intérieur des tranches de la moitié du beurre. Garnissez ensuite de mélange aux sardines.

6. Coupez les œufs durs en rondelles et ajoutez-les dans les pains. Refermez-les, puis tartinez l'extérieur avec le reste du beurre.

7. Passez-les sous le gril du four jusqu'à ce qu'ils soient bien dorés, surtout sur la partie supérieure. Retournez-les une fois.

MI-CUIT DE MAQUEREAU

Pour 4 personnes
Préparation : 15 minutes
Cuisson : 10 à 15 minutes

4 très petits maquereaux (lisettes)
1 petite carotte
15 cm de tige de céleri
1 oignon blanc
Le zeste de 1/4 d'orange
10 cl de jus d'orange frais
5 cl de vinaigre de vin blanc
5 cl de vin blanc
2 cuill. à soupe d'huile d'olive
1 cuill. à café de graines de coriandre
Sel et poivre du moulin

1. Levez les filets de maquereau ou faites-le faire par le poissonnier. Rincez-les à l'eau fraîche, puis épongez-les soigneusement. Rangez-les dans un plat creux.

2. Taillez le zeste d'orange en fines lanières. Plongez-les 1 minute dans l'eau bouillante, égouttez-les et renouvelez l'opération. Éparpillez-les dans le plat.

3. Épluchez l'oignon, la carotte et le céleri. Émincez-les en fines lamelles.

4. Faites fondre les légumes de 5 à 10 minutes à feu très doux avec l'huile d'olive, sans les laisser colorer. Salez et poivrez, versez le vinaigre, le vin blanc et le jus d'orange, ajoutez la coriandre et portez à petite ébullition. Laissez cuire 5 minutes à feu doux.

5. Versez le liquide bouillant sur les filets de maquereau, couvrez aussitôt hermétiquement avec un film alimentaire et laissez refroidir. Mettez ensuite au réfrigérateur.

CROUSTILLANTS CANAILLES

Pour 4 personnes
Préparation : 30 minutes
Cuisson : 10 à 12 minutes

2 pieds de porc
4 feuilles de brick
1 cuill. à soupe d'échalotes hachées
1 cuill. à soupe de persil ou de coriandre ciselés
50 cl de bouillon de volaille
20 g de beurre fondu
Poivre du moulin

1. Faites doucement tiédir les pieds de porc dans le bouillon, sans faire bouillir. Égouttez-les.

2. Posez-les sur une planche, coupez-les en deux dans la longueur, puis désossez-les complètement. Jetez tous les os. Conservez tout le reste – viande et cartilages – et hachez-le au couteau en petits dés. Mélangez bien aux échalotes et aux herbes ciselées.

3. Posez 1 feuille de brick sur le plan de travail et enduisez-la de beurre fondu au pinceau. Étalez le quart de la préparation vers le bas, en lui donnant une forme allongée, puis repliez 2 côtés opposés sur cette garniture. Roulez ensuite en cylindre, autour de la farce, en serrant bien. Procédez de même pour les 3 autres feuilles de brick.

4. Préchauffez le four à 180 °C (th. 6).

5. Rangez les cylindres sur une plaque recouverte de papier sulfurisé, enfournez et faites cuire de 10 à 12 minutes, jusqu'à ce qu'ils soient dorés et croustillants. Servez chaud, avec une salade verte aux herbes.

SAMOSAS

Pour 6 personnes
Préparation : 25 minutes
Cuisson : 35 minutes

12 feuilles de brick
200 g de lardons fumées
300 g de pommes de terre
1 petit bouquet de coriandre
1 oignon nouveau avec sa tige verte
5 cuill. à soupe de petits pois surgelés (ou frais)
1 pointe de curry en poudre ou de garam masala (mélange d'épices indiennes)
50 g de beurre
Sel et poivre du moulin

POUR LES TRÈS NOMBREUX ★★★

1. Préchauffez le four à 180 °C (th. 6). Faites dorer les lardons dans une poêle portée sur feu moyen, sans ajout de matières grasses, de 4 à 5 minutes. Déposez-les ensuite sur du papier absorbant.

2. Épluchez les pommes de terre, puis faites-les cuire 20 minutes dans un grand volume d'eau salée. Passez la coriandre sous l'eau, séchez-la, effeuillez-la et hachez-la afin d'en obtenir 4 cuillerées à soupe. Lavez et émincez l'oignon et sa tige. Faites cuire les petits pois 5 minutes dans une casserole d'eau salée, puis égouttez-les.

3. Égouttez les pommes de terre et écrasez-les à la fourchette. Ajoutez les herbes et le curry, salez, poivrez et mélangez. Ajoutez alors les petits pois et les lardons.

4. Coupez chaque feuille de brick en deux. Déposez un peu de farce sur un côté et repliez la feuille autour de la farce afin d'obtenir un triangle. Recommencez l'opération jusqu'à épuisement de la farce. Faites fondre le beurre et badigeonnez-en les samosas.

5. Recouvrez la plaque du four de papier sulfurisé. Posez-y les samosas, et enfournez-les pour 10 minutes. Retournez-les à mi-cuisson.

FLANS DE BROCOLI

Pour 4 personnes
Préparation : 30 minutes
Cuisson : 30 à 40 minutes

6 tranches de bacon
1 gros brocoli
25 cl de crème liquide
2 œufs + 4 jaunes
1 cuill. à café de curcuma
Beurre pour les moules (facultatif)
Sel et poivre du moulin

1. Faites dorer les tranches de bacon quelques instants à sec dans une poêle antiadhésive. Coupez-les en petits carrés et réservez.

2. Supprimez la tige du brocoli et séparez les bouquets. Plongez-les 5 ou 6 minutes dans une casserole d'eau bouillante légèrement salée et additionnée de la moitié du curcuma. Égouttez-les, puis mixez-les en purée fine.

3. Dans un grand bol, fouettez les œufs entiers avec les jaunes et la crème. Quand l'ensemble est bien homogène, salez, poivrez, ajoutez la purée de brocoli, le bacon et le reste de curcuma. Mélangez.

4. Préchauffez le four à 150 °C (th. 5).

5. Beurrez 4 ramequins individuels ou préparez des moules en silicone. Versez le mélange dans les ramequins sans les remplir complètement. Placez-les dans un bain-marie et enfournez. Faites cuire de 30 à 40 minutes, jusqu'à ce que les flans soient pris. Laissez reposer quelques instants et démoulez. Servez chaud.

PETITS PERSILLÉS DE JAMBON

Pour 4 personnes
Préparation : 20 minutes
Réfrigération : 2 heures

200 g de jambon sans couenne, en tranche épaisse, ou de porc demi-sel cuit (palette, jambonneau)
2 échalotes
2 cuil. à soupe d'herbes finement ciselées (persil, ciboulette ou coriandre)
60 cl de bouillon de volaille
3 feuilles de gélatine

1. Faites ramollir les feuilles de gélatine dans un bol d'eau froide.

2. Épluchez et hachez finement les échalotes.

3. Versez la moitié du bouillon dans une petite casserole. Ajoutez les feuilles de gélatine bien égouttées et faites chauffer doucement en remuant jusqu'à ce qu'elles soient bien fondues. Retirez du feu, ajoutez le reste du bouillon, les échalotes et les herbes, mélangez et laissez refroidir.

4. Répartissez les dés de jambon dans des petits moules ou les alvéoles d'une plaque à muffins en silicone, puis remplissez à ras bord de bouillon aux herbes, en veillant à bien remplir les interstices. Laissez prendre au moins 2 heures au réfrigérateur. Démoulez un peu avant de servir.

BOULETTES VAPEUR

Pour 4 personnes
Préparation : 15 minutes
Cuisson : 10 minutes

375 g de viande de bœuf (ou d'échine de porc) hachée
2 blancs d'œufs
1 cuill. à café de Maïzena®
1 cuill. à soupe de sauce soja
1 cuill. à café de sucre en poudre
1 cuill. à café d'huile de sésame
1 cuill. à soupe de feuilles de coriandre
½ cuill. à café de sel
Sauce aigre-douce pour servir

1. Délayez la Maïzena® dans une tasse d'eau très froide.

2. Mettez la viande dans le bol d'un robot avec les blancs d'œufs et mixez 1 minute pour bien homogénéiser l'ensemble.

3. Versez lentement la Maïzena®, en continuant de mixer jusqu'à obtenir une texture très fine. Ajoutez la coriandre, la sauce soja, le sel et le sucre, l'huile de sésame, et donnez encore quelques impulsions.

4. Humidifiez-vous les mains et façonnez une douzaine de boulettes de la taille d'une grosse noix. Placez-les dans le panier d'un cuit-vapeur, au-dessus de l'eau bouillante, et faites cuire environ 10 minutes.

5. Servez chaud, accompagné de coupelles de sauce aigre-douce pour y tremper les boulettes.

POUR LES TRÈS NOMBREUX ★★★

TARTINES À LA MOELLE

Pour 4 personnes
Préparation : 10 minutes
Cuisson : 20 à 25 minutes

4 tranches de pain de campagne
4 os à moelle de 8 à 10 cm de long
Fleur de sel
Gros sel

1. Enveloppez chaque os à moelle dans un carré de papier d'aluminium. Plongez les 4 papillotes dans un faitout d'eau salée à la limite de l'ébullition et faites cuire de 20 à 25 minutes.

2. Faites griller 4 tranches de pain au grille-pain.

3. Allumez le gril du four.

4. Égouttez les papillotes, ouvrez-les, puis glissez un couteau à l'intérieur de l'os pour extraire le cylindre de moelle. Coupez chacun en rondelles épaisses.

5. Posez les tranches de moelle sur le pain grillé, rangez les tartines sur une plaque et passez-les quelques instants sous le gril pour bien réchauffer l'ensemble. Servez aussitôt, parsemé de fleur de sel.

FOIES BLONDS EN SALADE

Pour 4 personnes
Préparation : 25 minutes
Cuisson : 25 minutes

12 foies de volaille
150 g de jeunes salades variées
2 cuill. à soupe de ciboulette et de cerfeuil ciselés
20 g de beurre
2 cuill. à soupe de bouillon de volaille
1 cuill. à café de moutarde douce
4 cuill. à soupe d'huile d'olive
2 cuill. à soupe de vinaigre balsamique
Sel et poivre du moulin

1. Lavez et essorez les salades. Répartissez-les dans 4 assiettes.

2. Retirez tous les petits nerfs et la partie fielleuse des foies. Coupez-les en deux ou trois dans l'épaisseur. Épongez-les soigneusement dans du papier absorbant. Faites-les revenir à la poêle avec le beurre, 2 minutes environ de chaque côté, pour qu'ils dorent légèrement et restent moelleux. Salez et poivrez. Déposez-les sur les salades.

3. Laissez la poêle à feu assez vif, versez le bouillon de volaille et le vinaigre, en raclant les sucs de cuisson avec une spatule en bois et retirez du feu.

4. Transvasez ce jus dans un bol, mélangez avec la moutarde, un peu de sel et de poivre, puis versez l'huile en fouettant. Ajoutez les herbes ciselées, remuez bien et nappez les foies au moment de servir.

SALADE DE BŒUF

Pour 4 personnes
Préparation : 15 minutes
Repos : 30 minutes

400 g de bœuf cuit au bouillon (reste de pot-au-feu)
400 g de pommes de terre grenailles
1 cuill. à soupe d'estragon ciselé
2 cuill. à café de moutarde mi-forte ou en grains
2 cuill. à soupe de vinaigre de vin
6 cuill. à soupe d'huile (de maïs ou de tournesol)
Sel et poivre du moulin

POUR LES SUPER GOURMANDS ★★★

1. Lavez les pommes de terre à l'eau froide, en les frottant bien. Faites-les cuire de 10 à 15 minutes à l'eau bouillante salée, jusqu'à ce qu'elles soient juste tendres quand on les pique. Égouttez et laissez tiédir.

2. Sortez la viande du réfrigérateur suffisamment à l'avance pour qu'elle ne soit pas trop froide, ou faites-la légèrement tiédir dans un peu de son bouillon de cuisson, puis égouttez-la. Parez-la soigneusement pour qu'il ne reste ni gras, ni petits nerfs. Coupez-la en lamelles.

3. Mélangez la moutarde, un peu de sel et le vinaigre dans un petit saladier, puis versez l'huile en fouettant à la fourchette pour émulsionner le mélange. Donnez quelques tours de moulin à poivre.

4. Ajoutez les lamelles de bœuf et l'estragon, puis remuez plusieurs fois pour bien imprégner les morceaux. Laissez reposer 30 minutes.

5. Remuez à nouveau au moment de servir et accompagnez des pommes de terre tièdes.

RILLETTES POULET-CURCUMA

Pour 4 personnes
Préparation : 30 minutes
Cuisson : 30 à 40 minutes

2 belles cuisses de poulet
1 poivron vert
1 cuill. à soupe de persil (ou de coriandre très finement ciselés)
50 cl de bouillon de volaille
2 cuill. à soupe de mayonnaise
1 cuill. à soupe de curcuma
1 pincée de safran
Sel et poivre du moulin

1. Essuyez les cuisses de poulet avec du papier absorbant, puis mettez-les dans une casserole avec le bouillon, le safran et la moitié du curcuma. Portez doucement à la limite de l'ébullition et faites cuire de 30 à 40 minutes à petits frémissements, jusqu'à ce que la chair se détache spontanément des os. Égouttez-les sur du papier absorbant et laissez refroidir.

2. Allumez le gril du four.

3. Ôtez le pédoncule et les graines du poivron, taillez-le en bandes verticales et posez-les sur une plaque, la peau vers le haut. Faites griller de 12 à 15 minutes, jusqu'à ce que celle-ci soit noire et boursouflée. Laissez tiédir, enlevez la peau et hachez la chair au couteau en tout petits dés.

4. Retirez la peau du poulet et séparez la viande des os. Émiettez-la avec les doigts dans un petit saladier. Ajoutez la mayonnaise, le reste du curcuma, les dés de poivron, le persil et mélangez à la fourchette jusqu'à ce que la consistance soit homogène.

5. Goûtez et rectifiez l'assaisonnement. Transvasez dans une terrine et mettez au frais.

SOUPE MISO AU POULET

Pour 4 personnes
Préparation : 15 min
Cuisson : 5 min

200 g de blanc de poulet
60 cl de bouillon miso préparé avec du concentré
150 g d'un mélange de lentins et de champignons de Paris
2 oignons nouveaux
50 g de germes de soja frais
50 g de nouilles de riz fines
1 cuill. à soupe de sauce soja
1 cuill. à café d'huile de sésame
1 cuill. à soupe de feuilles de coriandre ciselées

1. Supprimez la base du pied des champignons. Nettoyez-les et coupez-les en lamelles épaisses. Épluchez et émincez finement les petits oignons. Triez les germes de soja.

2. Essuyez le blanc de poulet avec du papier absorbant et coupez-le en petites tranches.

3. Préparez le bouillon dans une casserole. Portez à frémissements, ajoutez les champignons et le poulet et faites cuire 5 minutes à feu doux.

4. Ajoutez le soja et les nouilles de riz, faites repartir l'ébullition et retirez aussitôt la casserole du feu. Versez la sauce soja et l'huile de sésame, remuez et servez aussitôt dans des bols, parsemez de coriandre ciselée.

POUR LES SOIRÉES D'HIVER

OMELETTE MILLE-FEUILLE

Pour 4 personnes
Préparation : 20 minutes
Cuisson : 10 minutes

4 œufs
1 tomate
1 oignon
1 cuill. à soupe de tapenade noire
1 cuill. à soupe de concentré de tomate
2 cuill. à soupe de persil et de coriandre ciselés en mélange
1 cuill. à soupe d'huile d'olive + un peu pour la poêle
Sel et poivre du moulin

1. Épluchez et hachez finement l'oignon. Faites-le fondre de 10 à 15 minutes à feu doux avec l'huile d'olive, jusqu'à ce qu'il soit tendre et commence à dorer. Laissez refroidir.

2. Pelez la tomate après l'avoir ébouillantée. Retirez les graines et taillez-la en petits dés.

3. Cassez 1 œuf dans un bol. Ajoutez la tapenade et fouettez pour homogénéiser. Faites cuire une première omelette très fine dans une poêle juste enduite d'huile et glissez-la dans un plat.

4. Préparez 3 autres omelettes dans la même poêle, avec les 3 autres œufs. Mélangez l'oignon fondu au deuxième œuf, le concentré et les dés de tomate au troisième, et les herbes ciselées au dernier. Salez et poivrez à chaque fois.

5. Au fur et à mesure de leur cuisson, repliez les omelettes et glissez-les dans un plat en les empilant ou en les faisant chevaucher.

POUR LES
GRANDS
DÉBUTANTS
★★★

SPAGHETTI AUX TOMATES CERISES
et aux herbes aromatiques

Pour 4 personnes
Préparation : 15 minutes
Cuisson : 11 minutes

320 g de spaghetti
2 grosses tomates mûres
250 g de tomates cerises
Quelques feuilles de menthe
Quelques branches de persil plat frais
2 gousses d'ail dégermées
15 g d'amandes pelées
15 g de pignons de pin
30 g de câpres au sel
6 cuill. à soupe d'huile d'olive extra vierge
Gros sel pour l'eau de cuisson
Sel fin

1. Amenez 4 l d'eau à ébullition.

2. Mettez également de l'eau à bouillir, dans une casserole moyenne, pour les tomates.

3. Rincez les câpres à l'eau claire, lavez les herbes aromatiques et pelez les gousses d'ail ; réservez séparément.

4. Faites une croix sur les grosses tomates avec un couteau, et plongez-les dans l'eau bouillante pendant 1 minute. Égouttez-les, pelez-les et mixez-les avec les feuilles de menthe et de persil, les amandes, les pignons, les câpres, 1 gousse d'ail, 1 petite pincée de sel et 4 cuillerées à soupe d'huile.

5. Salez l'eau et faites cuire les pâtes *al dente*.

6. Pendant ce temps, lavez les tomates cerises, coupez-les en deux et faites-les revenir pendant 1 minute environ dans une poêle avec la seconde gousse d'ail hachée et l'huile restante.

7. Égouttez les pâtes, versez le pistou et les tomates cerises, mélangez et servez immédiatement.

CLAFOUTIS COURGETTES-THON

Pour 4 personnes
Préparation : 20 minutes
Cuisson : 30 minutes

600 g de petites courgettes
300 g de thon au naturel
3 œufs
15 cl de lait
15 cl de crème liquide
100 g de gruyère râpé
2 cuill. à soupe de farine
1 cuill. à soupe d'huile d'olive
+ un peu pour le plat
Sel et poivre du moulin

POUR LES DÎNERS D'ÉTÉ

1. Préchauffez le four à 190 °C (th. 6-7). Huilez un plat à gratin.

2. Lavez et séchez les courgettes, retirez les extrémités, et coupez-les en fines rondelles. Faites-les revenir 5 minutes à la poêle avec l'huile d'olive. Salez et poivrez, puis étalez-les dans le plat.

3. Égouttez bien le thon, émiettez-le sommairement et répartissez-le sur les courgettes.

4. Cassez les œufs, battez-les dans un bol, puis incorporez la farine en remuant vivement. Délayez progressivement avec la crème et le lait, sans cesser de remuer, pour obtenir une pâte lisse et fluide. Ajoutez la moitié du gruyère râpé, salez et poivrez légèrement, puis versez le mélange sur les courgettes. Enfournez et faites cuire 15 minutes.

5. Parsemez le reste du fromage râpé et remettez à cuire 15 minutes, jusqu'à ce que la surface soit bien dorée. Servez chaud dans le plat de cuisson.

MULET AU CURRY

Pour 4 personnes
Préparation : 20 minutes
Cuisson : 15 à 20 minutes

1 mulet d'environ 1,2 kg
1 gros oignon
2 tomates moyennes
Le jus de $\frac{1}{2}$ citron vert
1 cuill. à soupe de coriandre ciselée
10 cl de lait de coco
15 cl de fumet de poisson
2 cuill. à soupe d'huile (de maïs ou de tournesol)
1 à 2 cuill. à café de curry en poudre
$\frac{1}{4}$ de cuill. à café de sucre en poudre
Sel et poivre du moulin

1. Demandez au poissonnier de vider et d'écailler le mulet. Retirez la tête et coupez-le en tronçons. Rincez puis épongez les morceaux.

2. Coupez les tomates en quartiers et retirez les graines. Épluchez et émincez l'oignon.

3. Faites chauffer l'huile dans une petite cocotte et faites fondre l'oignon de 10 à 15 minutes à feu modéré, jusqu'à ce qu'il soit tendre et commence à dorer. Saupoudrez de sucre et de curry, versez le lait de coco et le fumet de poisson, salez et poivrez. Portez à petits frémissements, couvrez et laissez mijoter 5 minutes.

4. Déposez les morceaux de mulet et les quartiers de tomate dans la cocotte, couvrez et faites cuire de 6 à 8 minutes à feu très doux. Versez dans un plat creux très chaud. Arrosez de jus de citron vert, parsemez de coriandre et servez aussitôt.

POUR LES TRÈS NOMBREUX ★★★

PISSALADIÈRE AUX SARDINES

Pour 4 personnes
Préparation : 30 min
Cuisson : 15 min

240 g de pâte à pain
400 g d'oignons
8 sardines à l'huile
4 cuill. à soupe d'huile d'olive
1 cuill. à soupe de câpres fines
1 cuill. à café d'origan
Farine pour le plan de travail
Sel et poivre du moulin

1. Épluchez et émincez finement les oignons. Faites-les fondre de 20 à 25 minutes avec l'huile d'olive, à feu moyen, en remuant souvent. Salez, poivrez, et laissez refroidir. Égouttez les sardines, séparez les filets et retirez l'arête centrale. Réservez.

2. Préchauffez le four à 210 °C (th. 7). Recouvrez une plaque de papier sulfurisé.

3. Étalez la pâte au rouleau sur le plan de travail légèrement fariné en un grand rectangle de 3 mm d'épaisseur. Posez-le sur la plaque. Étalez les oignons sur la pâte, parsemez de câpres et d'origan, et faites cuire 10 minutes.

4. Sortez la tarte du four, disposez les filets de sardine sur les oignons et remettez à réchauffer 5 minutes. Laissez reposer 5 minutes avant de servir.

POUR LES GRANDS DÉBUTANTS ★★★

SAUMON AUX LENTILLES

Pour 4 personnes
Préparation : 20 minutes
Cuisson : 55 minutes

4 pavés de saumon sans peau d'environ 180 g chacun
1 morceau de crépine de porc
300 g de lentilles
1 oignon
1 carotte
1 petit bouquet garni (thym, persil, laurier)
1 clou de girofle
20 g de beurre + un peu pour le plat
Sel et poivre du moulin

1. Faites tremper la crépine dans de l'eau froide, renouvelée plusieurs fois, puis égouttez-la et épongez-la. Coupez-la en 4 carrés de même taille.

2. Rincez les pavés de saumon. Épongez-les, salez et poivrez les 2 côtés, puis enveloppez chacun dans un morceau de crépine. Réservez au frais.

3. Pelez l'oignon et piquez-le du clou de girofle. Épluchez la carotte.

4. Rincez les lentilles à l'eau courante dans une passoire. Mettez-les dans une casserole avec l'oignon, la carotte et le bouquet garni, couvrez d'eau et portez à frémissements. Faites cuire environ 45 minutes à feu doux, jusqu'à ce qu'elles soient juste tendres, sans s'écraser.

5. Préchauffez le four à 190 °C (th. 6-7).

6. Posez les pavés de saumon dans un plat beurré et faites-les cuire de 8 à 10 minutes selon leur épaisseur.

7. Retirez le bouquet garni, l'oignon et videz l'eau de cuisson des lentilles. Ajoutez le beurre, laissez-le fondre, salez et poivrez. Répartissez les lentilles dans 4 assiettes chaudes et posez les pavés de saumon dessus.

PAVÉS DE LIEU
aux poireaux

Pour 4 personnes
Préparation : 15 minutes
Cuisson : 25 minutes

4 pavés de lieu jaune avec la peau d'environ 180 g chacun
4 blancs de poireau moyens
20 g de beurre + un peu fondu
15 cl de crème fraîche
Sel et poivre du moulin

1. Rincez et épongez les pavés de lieu, réservez-les au frais.

2. Fendez les blancs de poireau en deux dans la longueur, lavez-les à l'eau courante, en écartant bien les feuilles, puis épongez-les. Émincez-les finement. Faites-les fondre de 10 à 15 minutes à feu très doux avec le beurre, en remuant souvent, jusqu'à ce qu'ils soient bien tendres, sans laisser colorer. Versez la crème, salez, poivrez, et mélangez. Laissez cuire encore 5 minutes environ jusqu'à ce que l'ensemble épaississe légèrement et prenne une consistance onctueuse.

3. Préchauffez le four à 210 °C (th. 7).

4. Posez les pavés de lieu sur une plaque recouverte de papier sulfurisé. Enduisez-les de beurre fondu au pinceau, salez et poivrez. Faites cuire environ 8 minutes : la chair doit être juste opaque en surface.

5. Servez les poissons sur un lit de poireaux, dans un plat ou des assiettes très chaudes.

LIEU AU CITRON CONFIT

Pour 4 personnes
Préparation : 20 minutes
Cuisson : 10 minutes

800 g de filets de lieu sans peau et sans arêtes
3 échalotes
¼ de citron confit
1 dose de safran
10 cl de fumet de poisson
10 cl de vin blanc sec
30 g de beurre
+ un peu pour le plat
1 cuil. à soupe d'huile d'olive
1 cuil. à soupe de coriandre ciselée
Sel et poivre du moulin

1. Rincez et épongez les filets de lieu. Épluchez et coupez en lamelles les échalotes. Retirez la pulpe du citron confit, lavez l'écorce à l'eau courante, puis hachez-la aussi finement que possible. Mélangez le safran et l'huile d'olive. À l'aide d'un pinceau, badigeonnez-en le poisson sur toute sa surface.

2. Préchauffez le four à 200 °C (th. 6-7).

3. Étalez les lamelles d'échalote dans un plat à four beurré, posez le poisson dessus et répartissez la moitié du citron confit autour. Versez le fumet de poisson et le vin blanc, salez et poivrez. Enfournez et faites cuire 10 minutes.

4. Soulevez délicatement le lieu avec une spatule et posez-le sur un plat de service bien chaud, maintenez à température. Versez le jus de cuisson dans une petite casserole, en le filtrant à travers une passoire fine. Faites bouillir 2 ou 3 minutes, puis retirez du feu et incorporez le beurre coupé en petits morceaux, en fouettant vivement. Ajoutez le reste du citron confit et la coriandre, puis nappez le poisson de sauce. Servez aussitôt.

POUR LES DÎNERS D'ÉTÉ ★★★

HARENGS FARCIS

Pour 4 personnes
Préparation : 30 minutes
Cuisson : 25 minutes

4 beaux harengs frais
500 g de courgettes
2 tomates
200 g de champignons de Paris
2 échalotes
Le jus de 1 citron
2 brins de thym
1 cuill. à soupe de persil ciselé
1 cuill. à soupe d'aneth ciselé
75 g de poudre d'amandes
2 cuill. à soupe d'huile d'olive
Sel et poivre du moulin

1. Écaillez les harengs. Videz-les et retirez l'arête centrale par le dos. Rincez-les et épongez-les.

2. Préchauffez le four à 180 °C (th. 6).

3. Lavez et séchez les tomates, les courgettes et les champignons. Taillez-les en dés. Étalez-les dans un plat à gratin, arrosez-les de 1 cuillerée à soupe d'huile d'olive et du jus de citron, puis salez et poivrez. Couvrez avec une feuille de papier d'aluminium, enfournez et faites cuire 15 minutes.

4. Pelez et hachez finement les échalotes. Mettez-les à cuire à feu très doux dans une petite casserole avec 1 cuillerée à soupe d'huile et 5 cl d'eau, jusqu'à ce qu'elles soient fondantes et qu'il ne reste plus de liquide. Mélangez-les dans un bol avec la poudre d'amandes, le persil et la moitié de l'aneth. Remplissez les harengs de cette farce.

5. Sortez le plat du four et augmentez la température à 210 °C (th. 7). Posez les poissons sur les légumes, arrosez-les du jus de cuisson, parsemez de thym et du reste d'aneth. Faites cuire encore de 8 à 10 minutes et servez dans le plat de cuisson.

GRATIN DE MACARONI AU THON

Pour 1 personne
Préparation : 15 minutes
Cuisson : 20 minutes

1 verre de macaroni crus
1 petite boîte de thon au naturel Petit Navire®
1 petite boîte de coulis de tomates nature
1 tomate
1 boule de mozzarella
1 cuill. à soupe d'huile d'olive
Sel et poivre du moulin

1. Faites cuire les pâtes dans un grand volume d'eau bouillante salée pendant 8 minutes environ (selon les indications portées sur le paquet). Égouttez-les et versez-les dans un saladier.

2. Préchauffez le gril du four. Coupez la tomate et la mozzarella en dés. Égouttez le thon. Versez sur les pâtes, le thon émietté, les dés de tomate, le coulis de tomates et l'huile d'olive. Poivrez (inutile de saler), puis mélangez.

3. Versez dans un plat à four, couvrez de mozzarella et faites gratiner 5 minutes sous le gril du four.

QUICHE LORRAINE

Pour 6 personnes
Préparation : 15 minutes
Cuisson : 35 minutes

1 pâte à tarte feuilletée
2 œufs
25 cl de crème
5 cl de lait
1 pincée de noix de muscade
150 g de gruyère râpé
150 g de dés de lardons fumés
Sel et poivre du moulin

1. Préchauffez le four à 210 °C (th. 7). Dans un saladier, mélangez les œufs, la crème, le lait, la noix de muscade, un peu de sel, du poivre et un quart du gruyère.

2. Déroulez la pâte, déposez-la dans un moule à tarte avec son papier cuisson et piquez le fond avec les dents d'une fourchette. Répartissez les lardons sur la pâte, ajoutez la moitié du gruyère et versez par-dessus le mélange aux œufs. Terminez en parsemant à la surface le reste de gruyère.

3. Glissez au four et faites cuire pendant environ 35 minutes.

POUR LES TRÈS NOMBREUX ★★★

BURGER DOUBLE CHEESE
avec top sauce

Pour 4 personnes
Préparation : 25 min
Cuisson : 10 min

6 pains à burger
700 g environ de viande de bœuf hachée
8 tranches de fromage à burger
8 tranches de bacon
1 belle tomate en rondelles
4 feuilles de salade

Pour la sauce :
1 échalote
1 œuf dur
1 cuill. à soupe de sauce Worcestershire
1 cuill. à café de moutarde
2 cuill. à soupe de ketchup
1 cuill. à soupe de mayonnaise
1 cuill. à café de sucre
Sel et poivre du moulin

POUR LES SUPER GOURMANDS ★★★

1. Préparez la sauce. Épluchez l'échalote et hachez-la ; hachez puis écrasez l'œuf dur à la fourchette, mélangez-le avec l'échalote, la sauce Worcestershire, la mayonnaise, la moutarde, le ketchup et le sucre.

2. Formez 8 steaks pas trop épais avec la viande.

3. Coupez les pains en deux. Tartinez 6 bases et 2 chapeaux de sauce burger.

4. Allumez le gril du four.

5. Faites dorer le bacon 2 minutes à feu moyen dans une poêle antiadhésive. Réservez-le dans une assiette.

6. Faites cuire les steaks dans la même poêle, de 5 à 7 minutes selon la cuisson souhaitée. Déposez le bacon sur les pains tartinés, recouvrez des steaks puis de fromage. Glissez au four et laissez chauffer jusqu'à ce que le fromage soit fondu.

7. Ajoutez alors les 4 chapeaux restants, mie vers le haut, et laissez dorer 1 minute. Sortez le tout du four. Empilez 2 pains garnis de steaks (afin d'avoir un double burger), ajoutez des tomates et 1 feuille de salade et recouvrez d'un chapeau. Procédez de même avec les 3 autres et servez immédiatement.

LE TARTARE CLASSIQUE

Pour 4 personnes
Préparation : 10 minutes

600 g de viande de bœuf coupée au couteau (ou hachée)
1 oignon
1 bouquet de persil plat
2 jaunes d'œufs
2 cuill. à café de moutarde
2 cuill. à soupe de câpres au vinaigre
2 cuill. à café de sauce Worcestershire
2 cuill. à soupe de ketchup
Quelques gouttes de Tabasco®
4 cuill. à soupe d'huile d'olive vierge extra
Sel et poivre du moulin

1. Lavez et hachez les feuilles de persil ; réservez.

2. Pelez et hachez l'oignon ; rincez et égouttez les câpres ; réservez.

3. Dans un bol, mélangez la moutarde, les jaunes d'œufs, l'oignon, les câpres, le ketchup, le Tabasco®, la sauce Worcestershire, du sel et du poivre. Ajoutez l'huile d'olive en remuant avec un fouet.

4. Versez la préparation sur la viande et mélangez intimement, puis ajoutez le persil et remuez de nouveau.

5. Dressez sur 4 assiettes et servez.

POUR LES TRÈS PRESSÉS

PAIN DE VIANDE
aux oignons

Pour 4 personnes
Préparation : 30 minutes
Cuisson : 50 minutes

600 g de viande de bœuf (ou d'agneau) maigre hachée
2 gros oignons
1 gousse d'ail
2 cuill. à soupe de persil plat ciselé
1 œuf
15 cl de bouillon de bœuf ou de volaille
30 g de pain de mie sans croûte
2 cuill. à soupe d'huile d'olive + un peu pour le plat
Sel et poivre du moulin

1. Faites tremper la mie de pain dans un peu d'eau, puis essorez-la avec les doigts. Battez l'œuf dans un bol.

2. Pelez et hachez finement les oignons et l'ail. Faites-les fondre dans une poêle 10 minutes à feu doux avec l'huile d'olive, jusqu'à ce qu'ils soient bien tendres. Versez-en la moitié dans un saladier et réservez le reste. Ajoutez la viande, le persil, l'œuf battu et la mie de pain dans le saladier. Salez, poivrez, puis malaxez avec une spatule en bois, jusqu'à ce que l'ensemble soit bien homogène.

3. Préchauffez le four à 180 °C (th. 6). Graissez un plat à gratin et étalez le reste des oignons et d'ail dans le fond.

4. Humidifiez vos mains et façonnez la farce en lui donnant la forme d'un pain allongé. Posez celui-ci sur le lit d'oignons, enfournez et faites cuire 10 minutes. Versez le bouillon dans le plat et laissez cuire encore 40 minutes, en arrosant plusieurs fois le rôti de son jus de cuisson. Servez très chaud dans le plat de cuisson.

POUR LES SUPER GOURMANDS ★★★

DAUPHINOIS DE POULET

Pour 4 personnes
Préparation : 45 minutes
Cuisson : 30 minutes

8 pilons de poulet
4 pommes de terre moyennes
2 oignons
2 cuill. à soupe de sucre en poudre
50 cl de bouillon de volaille
2 cuill. à soupe d'huile d'olive
20 g de beurre
+ un peu pour le plat
Sel et poivre du moulin

POUR LES ENFANTS SAGES ★★★

1. Pelez les pommes de terre. Faites-les cuire à l'eau bouillante salée, en les gardant juste fermes. Égouttez-les. Coupez-les en rondelles de 2 ou 3 mm.

2. Essuyez les pilons de poulet. Faites-les cuire 30 minutes à frémissements dans le bouillon de volaille. Sortez-les avec une écumoire et conservez 20 cl de bouillon. Ôtez la peau et séparez la chair des os. Coupez-la en lamelles.

3. Épluchez et émincez les oignons.

4. Faites chauffer le beurre et l'huile dans une grande poêle, ajoutez les oignons et laissez cuire de 10 à 15 minutes à feu doux, en remuant souvent, jusqu'à ce qu'ils commencent à dorer. Saupoudrez de sucre et laissez légèrement caraméliser. Versez ensuite le bouillon de volaille réservé, mélangez, puis faites évaporer presque tout le liquide à feu plus vif.

5. Préchauffez le four à 180 °C (th. 6). Beurrez un plat à gratin.

6. Étalez successivement les oignons et le poulet, puis recouvrez des pommes de terre disposées régulièrement et se chevauchant. Enfournez environ 15 minutes, pour dorer légèrement la surface. Servez bien chaud.

NOUILLES SAUTÉES *au porc*

Pour 4 personnes
Préparation : 20 minutes
Cuisson : 6 à 8 minutes
Macération : 1 heure

200 g d'échine de porc
250 g de nouilles chinoises
50 g de germes de soja
2 ciboules
1 gousse d'ail
2 cuill. à soupe d'huile (de maïs ou de tournesol)
1 cuill. à soupe d'huile de sésame
Sel

Pour la marinade :
3 cuill. à soupe de sauce soja
1 cuill. à soupe de sauce d'huître
1 pincée de cinq-épices
1 pincée de gingembre

1. Épluchez et hachez l'ail. Émincez les ciboules. Coupez le porc en fines lamelles.

2. Mélangez les ingrédients de la marinade, versez-en la moitié sur le porc, remuez pour bien imprégner les morceaux et laissez macérer 1 heure au réfrigérateur.

3. Faites cuire les nouilles 2 ou 3 minutes à l'eau bouillante salée, en les séparant avec deux fourchettes. Égouttez-les, arrosez-les de l'huile de sésame et mélangez. Réservez.

4. Faites chauffer 1 cuillerée à soupe d'huile dans un wok ou une grande poêle. Ajoutez l'ail, laissez frire 1 minute, puis faites revenir le porc 2 minutes à feu vif. Réservez-le avec son jus de cuisson.

5. Essuyez le wok, versez le reste de l'huile, et faites revenir les nouilles et les germes de soja à leur tour, 3 ou 4 minutes à feu vif, en remuant constamment. Ajoutez le porc et son jus de cuisson, le reste de la marinade et laissez cuire encore 1 ou 2 minutes à feu vif, sans cesser de remuer. Parsemez des ciboules émincées et servez.

RISOTTO DE VERMICELLES

Pour 4 personnes
Préparation : 20 minutes
Cuisson : 10 minutes
Macération : 1 heure

2 blancs de poulet sans peau de 150 g chacun
200 g de vermicelles
60 cl de bouillon de volaille
1 cuill. à soupe de persil plat ciselé
30 g de beurre
1 cuill. à soupe de piment doux
1 cuill. à soupe de concentré de tomate
2 cuill. à soupe d'huile d'olive
1 dose de safran
Sel et poivre du moulin

POUR LES ACCROS DE LA BALANCE ★★★

1. Épongez les blancs de poulet et coupez-les en petites lamelles. Mettez-les dans un plat creux, versez l'huile d'olive, puis poudrez de piment doux et de safran. Remuez plusieurs fois pour bien imprégner la viande, couvrez et laissez macérer 1 heure au réfrigérateur.

2. Préparez le bouillon de volaille dans une casserole, ajoutez le concentré de tomate et maintenez à la limite de l'ébullition.

3. Faites fondre le beurre à feu doux dans une sauteuse. Ajoutez les vermicelles, mélangez, puis versez le bouillon chaud. Faites cuire 10 minutes environ à feu doux, jusqu'à ce que tout le bouillon soit absorbé.

4. Un peu avant la fin de la cuisson, mettez une grande poêle (ou un wok) à feu assez vif. Quand elle est bien chaude, faites revenir les lamelles de poulet 2 ou 3 minutes avec leur marinade, sans cesser de remuer. Mélangez le poulet aux vermicelles. Goûtez, rectifiez l'assaisonnement, parsemez de persil ciselé et servez.

POULET SAUTÉ AU CITRON

Pour 4 personnes
Préparation : 20 minutes
Cuisson : 45 minutes

1 poulet d'environ 1,5 kg
1 citron
2 brins d'origan (ou 1 cuill. à soupe)
2 gousses d'ail
15 cl de vin blanc sec
1 cube de bouillon de volaille
2 cuill. à soupe d'olives vertes dénoyautées
2 cuill. à soupe d'huile (de maïs ou de tournesol)
Sel et poivre du moulin

1. Prélevez la moitié du zeste du citron et taillez le zeste en lanières très fines. Plongez-les 1 minute dans l'eau bouillante, égouttez-les et renouvelez 2 fois l'opération. Pressez le citron et récupérez le jus. Coupez les olives en rondelles. Réservez.

2. Coupez le poulet en 8 morceaux. Épongez-les.

3. Mettez l'huile à chauffer dans une cocotte et faites dorer les morceaux de poulet de tous côtés à feu moyen. Versez le vin blanc, raclez bien les sucs de cuisson avec une cuillère en bois, puis ajoutez le jus et le zeste de citron, les gousses d'ail entières et effritez le cube de bouillon. Ajoutez l'origan et donnez quelques tours de moulin à poivre. Baissez le feu, couvrez et faites cuire de 40 à 45 minutes.

4. Ajoutez les olives, laissez encore quelques instants sur le feu pour bien réchauffer l'ensemble et servez dans un plat chaud.

POUR LES SUPER GOURMANDS ★★★

PETITS PIES
au paprika

Pour 4 personnes
Préparation : 40 minutes
Cuisson : 25 à 30 minutes

400 g de blancs de poulet
400 g ou 2 rouleaux de pâte feuilletée
250 g de champignons de Paris
4 échalotes
1 jaune d'œuf
30 g de beurre + un peu pour les moules
20 cl de crème fraîche épaisse
1 cuill. à soupe de paprika
Sel et poivre du moulin

1. Épluchez et hachez les échalotes. Nettoyez et émincez les champignons, faites-les revenir à feu vif avec 15 g de beurre. Quand l'eau de végétation est bien évaporée, ajoutez les échalotes, laissez cuire 2 minutes, puis ajoutez le paprika et la crème. Remuez et faites épaissir à feu doux.

2. Émincez les blancs de poulet. Faites-les revenir 2 ou 3 minutes avec le reste du beurre. Mélangez-les aux champignons, salez, poivrez et laissez refroidir.

3. Préchauffez le four à 180 °C (th. 6). Beurrez 4 moules individuels assez hauts.

4. Étalez la pâte sur une épaisseur de 3 mm. Découpez 4 disques plus grands que les moules et 4 plus petits, pour les couvercles.

5. Garnissez les moules en laissant la pâte dépasser des bords. Humidifiez le tour au pinceau. Répartissez la préparation, puis posez les couvercles de pâte et soudez bien les bords. Découpez nettement le tour, dorez la surface au jaune d'œuf et dessinez un décor. Enfournez et faites cuire de 25 à 30 minutes. Laissez reposer 5 minutes à la sortie du four et servez.

POIS CHICHES *au chorizo*

Pour 4 personnes
Préparation : 15 minutes
Cuisson : 30 minutes

200 g de chorizo doux
ou fort selon le goût
400 g de pois chiches
au naturel (en conserve)
200 g de dés de tomate
1 oignon
1 gousse d'ail
1 cuill. à soupe de persil plat
ciselé
1 à 2 pincées de piment
d'Espelette (facultatif)
2 cuill. à soupe d'huile d'olive
½ cuill. à soupe de sucre
en poudre
Sel et poivre du moulin

1. Épluchez et hachez finement l'oignon. Faites-le revenir 10 minutes à feu doux avec l'huile d'olive, dans une petite cocotte. Ajoutez les dés de tomate, le sucre, la gousse d'ail entière, puis salez, poivrez et ajoutez éventuellement un peu de piment. Couvrez et laissez mijoter 10 minutes.

2. Égouttez les pois chiches, mettez-les dans un saladier et recouvrez-les largement d'eau. Frottez-les entre les doigts, laissez remonter les petites peaux à la surface en les éliminant au fur et à mesure.

3. Rincez les pois chiches dans une passoire, mettez-les dans la sauce tomate, couvrez et laissez mijoter de 5 à 10 minutes.

4. Retirez la peau et coupez le chorizo en rondelles de 2 ou 3 mm. Ajoutez-les dans la cocotte et laissez encore 2 à 3 minutes à feu doux pour bien réchauffer l'ensemble. Parsemez de persil ciselé au moment de servir.

POUR LES SUPER GOURMANDS ★★★

CANNELLONI AU JAMBON

Pour 4 personnes
Préparation : 30 minutes
Cuisson : 15 minutes

8 ou 12 cannelloni (selon la taille)
4 tranches de jambon cuit
300 g de champignons de Paris
1 cuill. à soupe de basilic ciselé
120 g de ricotta
20 cl de crème liquide
1 jaune d'œuf
15 g de beurre + un peu pour le plat
Sel et poivre du moulin

POUR LES SUPER GOURMANDS ★★★

1. Faites cuire les cannelloni *al dente*, en suivant les instructions de l'emballage. Égouttez-les et mettez-les à refroidir sur un linge.

2. Hachez le jambon au couteau.

3. Nettoyez les champignons et taillez-les en très petits dés. Faites-les revenir à feu vif avec le beurre jusqu'à ce que toute l'eau de végétation soit évaporée. Laissez-les refroidir dans un saladier.

4. Ajoutez le jambon haché, 2 cuillerées à soupe de crème liquide, la ricotta émiettée et le basilic. Salez, poivrez et mélangez vivement. Remplissez les cannelloni de cette farce.

5. Faites légèrement épaissir le reste de la crème liquide à petits frémissements dans une petite casserole. Retirez du feu et mélangez le jaune d'œuf délayé dans 1 cuill. à soupe d'eau chaude. Salez et poivrez.

6. Préchauffez le four à 180 °C (th. 6).

7. Beurrez un plat à gratin juste assez grand pour y ranger les cannelloni. Disposez-les côte à côte dans le plat et nappez de crème. Enfournez et faites cuire de 10 à 12 minutes. Servez aussitôt.

PETITS CHOUX AU LAPIN

Pour 4 personnes
Préparation : 30 minutes
Cuisson : 45 à 50 minutes

4 cuisses de lapin
150 g de lard demi-sel
4 feuilles de chou vert
1 oignon
1 carotte
1 gousse d'ail
1 cuill. à soupe d'huile d'olive
15 cl de vin blanc sec
1 cube de bouillon de volaille
1 cuill. à soupe de persil plat ciselé
Sel et poivre du moulin

1. Plongez les feuilles de chou 5 minutes dans l'eau bouillante pour les assouplir. Sortez-les avec une écumoire et posez-les bien à plat sur un torchon. Retirez la nervure centrale épaisse.

2. Désossez les cuisses de lapin et jetez les os. Coupez les deux tiers de la chair en cubes de 1 cm. Retirez la couenne du lard et hachez-le avec le reste de la viande. Mélangez les viandes avec le persil, du sel et du poivre, jusqu'à ce que l'ensemble soit bien homogène.

3. Enveloppez le quart de cette farce dans chaque feuille de chou, en formant des cylindres ou des boules régulières. Liez avec une petite ficelle.

4. Épluchez et émincez l'oignon, la carotte et la gousse d'ail. Faites-les fondre de 5 à 10 minutes à feu doux, dans une cocotte, avec l'huile d'olive.

5. Posez les ballottines sur les légumes, versez le vin blanc et émiettez le cube de bouillon. Couvrez et faites cuire doucement, 40 minutes environ, en les retournant 1 ou 2 fois.

6. Retirez les ficelles et servez bien chaud, avec le jus de cuisson.

POUR LES
SOIRÉES
D'HIVER
★★★

BŒUF-CAROTTES EN TAJINE

Pour 4 personnes
Préparation : 20 minutes
Cuisson : 2 h 30 à 3 heures

900 g de bœuf à braiser (gîte, paleron, macreuse)
½ pied de veau
1 oignon
1 kg de carottes
2 gousses d'ail
1 petit bouquet de persil
1 feuille de laurier
20 g de beurre
75 cl de bouillon de bœuf
1 cuill. à soupe d'huile d'olive
1 cuill. à soupe de cumin
Sel et poivre du moulin

1. Coupez la viande en cubes de 5 ou 6 cm. Faites-les dorer sur toutes leurs faces, avec l'huile et le beurre, dans une cocotte à feu moyen. Retirez-les avec une écumoire et videz la graisse de cuisson.

2. Remettez les morceaux dans la cocotte, ajoutez le pied de veau, l'oignon et l'ail préalablement hachés, le laurier, 3 ou 4 tiges de persil, le cumin, puis versez le bouillon. Portez à frémissements, couvrez et laissez cuire au moins 1 h 30.

3. Épluchez et lavez les carottes. Coupez-les en quatre dans la longueur, puis en tronçons. Ajoutez-les dans la cocotte et poursuivez la cuisson de 1 heure à 1 h 30, à feu très doux, jusqu'à ce que la viande soit très tendre.

4. Servez dans un plat chaud, parsemé de persil ciselé.

LASAGNES À LA NAPOLITAINE

Pour 4 personnes
Préparation : 40 minutes
Cuisson : 15 minutes

8 feuilles de lasagne
200 g de saucisse de Toulouse
1 œuf
150 g de mozzarella
200 g de ricotta
30 g de parmesan râpé
400 g de dés de tomate au naturel
2 échalotes
2 cuill. à soupe de basilic ciselé
4 cuill. à soupe d'huile d'olive
Sel et poivre du moulin

1. Faites cuire les lasagnes *al dente* dans un grand volume d'eau bouillante salée. Sortez-les à l'aide d'une écumoire, plongez-les dans l'eau froide, puis étalez-les sur un linge.

2. Épluchez et hachez finement les échalotes. Faites-les fondre 5 minutes à feu doux avec 2 cuillerées à soupe d'huile d'olive, puis ajoutez les dés de tomate et le basilic, salez, poivrez, et laissez mijoter 15 minutes à feu modéré.

3. Écrasez la ricotta dans un saladier, puis ajoutez l'œuf et le parmesan. Remuez jusqu'à ce que le mélange soit bien homogène.

4. Piquez la saucisse. Faites-la revenir à la poêle avec 1 cuillerée à soupe d'huile d'olive. Retirez la peau et coupez-la en rondelles. Coupez la mozzarella en lamelles.

5. Préchauffez le four à 180 °C (th. 6). Enduisez un plat d'huile d'olive. Déposez une feuille de lasagnes, la sauce tomate, la ricotta, la mozzarella et la saucisse. Renouvelez l'opération. Enfournez pour 15 minutes.

CHAUSSONS MEXICAINS

Pour 4 personnes
Préparation : 30 minutes
Cuisson : 15 à 20 minutes

300 g de pâte brisée salée
300 g de viande d'agneau (ou de bœuf) hachée
1 jaune d'œuf
1 oignon
1 petit poivron vert ou rouge
1 cuill. à café de cumin
1 cuill. à café de piment doux
1 cuill. à café de coriandre moulue
1 ou 2 pincées de piment de Cayenne
2 cuill. à soupe d'huile d'olive
Farine pour le plan de travail
Sel

1. Épluchez et hachez finement l'oignon. Retirez le pédoncule et les graines du poivron, puis taillez-le en tout petits dés. Faites-les fondre ensemble de 10 à 15 minutes à feu très doux avec l'huile d'olive, jusqu'à ce qu'ils soient bien tendres. Laissez tiédir.

2. Réunissez la viande, les légumes et les épices dans un petit saladier, salez, et mélangez pour obtenir une farce bien homogène.

3. Étalez la pâte sur le plan de travail légèrement fariné sur une épaisseur de 2 ou 3 mm. Avec un emporte-pièce ou un bol, découpez 8 disques d'environ 12 cm de diamètre.

4. Posez 1 cuillerée de farce au centre, humidifiez le bord au pinceau et repliez en demi-lune. Soudez bien avec le bout des doigts et découpez le tour à la roulette crantée. Procédez ainsi jusqu'à épuisement des ingrédients.

5. Préchauffez le four à 180 °C (th. 6).

6. Posez les chaussons sur une plaque recouverte de papier sulfurisé et badigeonnez-les de jaune d'œuf délayé dans un peu d'eau. Faites cuire au four de 15 à 20 minutes, jusqu'à ce que la surface soit bien dorée.

FLAMMEKUECHE

Pour 4 personnes
Préparation : 15 minutes
Cuisson : 15 minutes

1 pâte à pizza
3 gros oignons
2 cuill. à soupe d'huile d'olive
200 g de lardons nature
20 cl de crème liquide
Sel et poivre du moulin

1. Préchauffez le four à 210 °C (th. 7). Épluchez les oignons et émincez-les finement, puis faites-les fondre dans une poêle avec l'huile pendant 5 minutes ; arrêtez la cuisson juste avant qu'ils ne changent de couleur.

2. Déroulez la pâte sur la plaque du four. Mélangez la crème liquide et les oignons, recouvrez la flammekueche de ce mélange jusqu'à 5 mm du bord, puis ajoutez les lardons. Salez et poivrez, glissez au four et laissez cuire pendant environ 15 minutes.

POUR LES
SUPER
GOURMANDS
★★★

BLANQUETTE DE DINDE

Pour 4 personnes
Préparation : 20 minutes
Cuisson : 45 minutes

800 g de sauté de dinde
300 g de petits champignons de Paris
1 branche d'estragon + 1 cuill. à soupe d'estragon ciselé
15 cl de crème fraîche
2 jaunes d'œufs
40 g de beurre
30 cl de bouillon de volaille
1 petite cuill. à soupe de farine
Sel et poivre du moulin

1. Faites étuver les morceaux de dinde quelques minutes, à feu très doux, dans une cocotte, avec 25 g de beurre, sans laisser colorer. Saupoudrez de farine, remuez et laissez cuire 1 minute. Versez le bouillon, portez à frémissements, couvrez et faites cuire 30 minutes.

2. Nettoyez les champignons et faites-les revenir à feu moyen avec le reste du beurre. Quand toute leur eau de végétation est évaporée, ajoutez-les au contenu de la cocotte, ainsi que la branche d'estragon, et laissez cuire encore 15 minutes.

3. Retirez les morceaux de dinde et les champignons du bouillon à l'aide d'une écumoire et mettez-les dans un plat maintenu au chaud.

4. Mélangez les jaunes d'œufs et la crème dans un bol, délayez avec 1 petite louche du bouillon et reversez le tout dans la cocotte, sans cesser de remuer. Faites épaissir à feu très doux, en remuant toujours et en veillant à ne jamais faire bouillir. Goûtez, salez et poivrez.

5. Versez la sauce sur la viande, parsemez d'estragon ciselé et servez.

TRAVERS DE PORC
sauce barbecue

Pour 4 personnes
Préparation : 5 minutes
Cuisson : 15 minutes
Marinade : 4 heures

1,5 kg de travers de porc frais
2 gousses d'ail
6 cuill. à soupe de miel liquide
4 cuill. à soupe de ketchup
4 cuill. à soupe de sauce Worcestershire
4 cuill. à soupe de sauce soja
2 cuill. à soupe d'huile d'olive extra-vierge
1 pincée de piment de Cayenne

1. Découpez les côtes du travers de porc. Pelez et écrasez légèrement les gousses d'ail.

2. Dans un saladier, mélangez le miel liquide, le ketchup, la sauce Worcestershire, l'ail, la sauce soja et le piment de Cayenne. Posez les travers de porc dans un plat, arrosez avec la marinade et mélangez soigneusement. Couvrez avec du film transparent et placez au réfrigérateur pour 4 heures, en retournant les travers de temps en temps.

3. Égouttez les travers tout en conservant la sauce de la marinade dans un bol. Huilez et préchauffez la plancha, puis faites cuire les travers pendant 15 minutes environ selon l'épaisseur, en les retournant une fois et en les badigeonnant de la marinade avec un pinceau. Servez aussitôt.

POUR LES DÎNERS D'ÉTÉ
★★★

PASTILLA DE POULET

Pour 4 personnes
Préparation : 40 minutes
Cuisson : 55 minutes à 1 heure

300 g de pilons de poulet
8 feuilles de brick
2 oignons
1 gousse d'ail hachée
4 cuill. à soupe d'un mélange de coriandre et persil ciselés
2 œufs
50 cl de bouillon de volaille
100 g de beurre
3 cuill. à soupe d'amandes hachées
1 cuill. à café de paprika
1 cuill. à café de gingembre moulu
1,5 cuill. à café de cannelle moulue
Sel et poivre du moulin

1. Épluchez et hachez les oignons. Faites-les fondre 15 minutes dans une cocotte avec 50 g de beurre. Quand ils commencent à dorer, ajoutez l'ail haché, le poulet et les épices. Versez le bouillon et faites cuire 30 minutes à frémissements. Sortez le poulet de la cocotte, retirez la peau et désossez-le. Coupez la chair en petits morceaux.

2. Faites réduire à feu vif le bouillon des deux tiers, jusqu'à l'obtention d'un liquide crémeux. Baissez le feu, ajoutez les œufs battus sans cesser de remuer et retirez du feu dès qu'ils sont pris.

3. Ajoutez les herbes, la chair de poulet et les amandes, salez, poivrez, et mélangez. Laissez refroidir.

4. Préchauffez le four à 180 °C (th. 6).

5. Enduisez 4 feuilles de brick de beurre fondu, superposez-les dans un moule haut, en les laissant dépasser, puis étalez la farce. Rabattez-les vers le centre et recouvrez avec les feuilles restantes, beurrées elles aussi. Glissez les bords à l'intérieur. Enfournez et faites cuire de 25 à 30 minutes.

POUR LES
REPAS
FESTIFS
★★★

CÔTES DE PORC BOULANGÈRE

Pour 4 personnes
Préparation : 30 minutes
Cuisson : 40 à 45 minutes

4 côtes de porc épaisses dans l'échine
800 g de pommes de terre (charlotte)
2 oignons
1 branche de thym
1 gousse d'ail
1 feuille de laurier
Beurre pour le plat
50 cl de bouillon de volaille
2 cuill. à soupe d'huile d'olive
Sel et poivre du moulin

1. Préchauffez le four à 200 °C (th. 6-7). Beurrez un plat à gratin.

2. Épluchez et coupez la gousse d'ail en lamelles. Pelez et lavez les pommes de terre. Coupez-les en rondelles assez épaisses, étalez-les dans le plat, glissez les lamelles d'ail, le thym et le laurier entre les couches, puis salez très légèrement et poivrez.

3. Faites chauffer le bouillon, recouvrez-en à peine les pommes de terre et enfournez. Faites cuire 30 minutes.

4. Épluchez les oignons, coupez-les en deux, puis en lamelles. Faites-les revenir 15 minutes environ à feu moyen, dans une grande poêle, avec l'huile d'olive. Quand ils commencent juste à dorer, réservez-les.

5. Essuyez la poêle, laissez-la à feu assez vif et saisissez les côtes de porc 1 minute de chaque côté. Sortez le plat du four, posez les côtes sur les pommes de terre et recouvrez des oignons. Remettez à cuire de 10 à 15 minutes, selon l'épaisseur de la viande.

6. Servez à la sortie du four, dans le plat de cuisson.

SPAGHETTI CARBONARA

Pour 4 personnes
Préparation : 15 minutes
Cuisson : 15 minutes

320 g de spaghetti
150 g de pancetta
ou de lardons fumés
1 oignon
2 œufs entiers + 1 jaune
1 cuill. à soupe de parmesan
fraîchement râpé
2 cuill. à soupe de pecorino
(fromage de brebis vieilli)
fraîchement râpé
10 cl de vin blanc sec
15 cl d'huile d'olive extra
vierge
Gros sel pour l'eau de cuisson
Poivre du moulin

1. Portez à ébullition 4 l d'eau.

2. Pendant ce temps, battez les œufs entiers et le jaune avec le parmesan, le pecorino et un peu de poivre ; réservez.

3. Salez l'eau et faites cuire les pâtes.

4. Épluchez l'oignon, émincez-le finement et faites-le revenir avec l'huile et les lardons. Ajoutez le vin, laissez-le partiellement s'évaporer, couvrez et continuez la cuisson à feu doux.

5. Quand les pâtes sont cuites, égouttez-les en réservant un peu d'eau de cuisson et versez-les dans un saladier.

6. Mélangez-les avec la sauce aux lardons, puis ajoutez les œufs battus, toujours en mélangeant vigoureusement. Si le résultat est trop sec, ajoutez quelques cuillerées d'eau de cuisson.

7. Parsemez de quelques tours de poivre du moulin et servez immédiatement.

POUR LES GRANDS DÉBUTANTS
★★★

PORC BRAISÉ
aux cinq-épices

Pour 4 personnes
Préparation : 15 minutes
Cuisson : 2 heures à 2 h 30

1 kg de rouelle de porc
3 oignons nouveaux
60 cl de bouillon de volaille
25 cl de vin de riz ou de xérès sec
15 cl de sauce soja
60 g de sucre blond en poudre
1 cuill. à café de cinq-épices
2 cuill. à soupe de sauce hoisin
1 noix de gingembre frais
2 cuill. à soupe d'huile d'arachide
½ cuill. à café de poivre blanc

POUR LES REPAS FESTIFS ★★★

1. Pelez le gingembre et coupez-le en lamelles de 5 mm. Épluchez et émincez sommairement les petits oignons.

2. Essuyez bien la rouelle de porc. Faites-la dorer de chaque côté avec l'huile, dans une cocotte à feu moyen. Retirez-la et réservez-la.

3. Laissez la cocotte à feu très doux, ajoutez les oignons et le gingembre et faites cuire 1 ou 2 minutes. Saupoudrez de sucre, puis versez le bouillon, sans cesser de remuer, en raclant bien les sucs de cuisson. Ajoutez les autres ingrédients, portez à frémissements en remuant toujours, puis remettez la viande dans la cocotte. Couvrez et laissez mijoter doucement de 2 heures à 2 h 30, jusqu'à ce qu'elle soit très tendre. Surveillez régulièrement l'évaporation de la sauce : ajoutez un peu d'eau de temps en temps si elle est trop rapide, ou retirez le couvercle de la cocotte en fin de cuisson, pour qu'elle ait légèrement épaissi quand la viande est cuite.

AILERONS AU TANDOORI

Pour 4 personnes
Préparation : 10 minutes
Cuisson : 30 minutes
Marinade : 1 heure

1 kg de gros ailerons de poulet
2 yaourts brassés
2 cuill. à soupe de coriandre ciselée
1 cuill. à soupe de menthe ciselée
Huile pour le plat
Sel

Pour la marinade :
1 cuill. à soupe de poudre de tandoori
1 cuill. à soupe d'huile (de maïs ou de tournesol)
2 cuill. à soupe de jus de citron
1 cuill. à soupe de crème liquide entière (facultatif)

1. Épongez les ailerons de poulet et mettez-les dans un plat creux.

2. Mélangez les ingrédients de la marinade dans un bol, versez-la sur le poulet, puis, à l'aide d'un pinceau, enduisez les morceaux de tous côtés. Salez légèrement. Couvrez et laissez mariner au réfrigérateur au moins 1 heure, ou jusqu'au lendemain.

3. Préchauffez le four à 200 °C (th. 6-7).

4. Déposez les ailerons de poulet dans un plat à four légèrement huilé, enfournez et faites cuire environ 30 minutes, jusqu'à ce que la peau soit croustillante.

5. Mélangez les yaourts avec 1 cuillerée à soupe de coriandre ciselée et la menthe. Servez dans un bol, en même temps que le poulet sortant du four. Parsemez le plat du reste de coriandre.

POUR LES ENFANTS SAGES ★★★

JARRETS AU MIEL CITRONNÉ

Pour 4 personnes
Préparation : 20 minutes
Cuisson : 2 heures

2 jarrets de porc
Le zeste et le jus de ½ citron
2 gousses d'ail
1 branche de thym
40 cl de bouillon de veau ou de volaille
2 cuill. à soupe d'huile (de maïs ou de tournesol)
5 cuill. à soupe de miel liquide
3 cuil. à soupe de vinaigre de vin blanc
1 grosse pincée de quatre-épices
Sel et poivre du moulin

1. Pelez les gousses d'ail.

2. Préchauffez le four à 160 °C (th. 5-6).

3. Faites chauffer l'huile à feu moyen dans une cocotte et faites dorer les jarrets de tous côtés en les retournant plusieurs fois. Jetez la graisse de cuisson. Versez le vinaigre, le miel et le bouillon, ajoutez l'ail, le thym, le quatre-épices, le jus et le zeste de citron. Donnez quelques tours de moulin à poivre mais ne salez pas si le bouillon l'est déjà. Faites chauffer à feu doux, puis couvrez, glissez la cocotte dans le four et faites cuire environ 2 heures, jusqu'à ce que la viande soit parfaitement fondante.

4. Retirez les jarrets de la cocotte, mettez-les dans un plat et maintenez-les au chaud.

5. Ôtez la branche de thym, laissez la cocotte à feu vif et faites réduire la sauce, pour qu'elle épaississe et prenne une consistance onctueuse, en veillant à ce que l'évaporation ne soit pas trop importante.

6. Versez la sauce sur la viande et servez.

POUR LES SUPER GOURMANDS ★★★

TENDRONS À LA SAUGE

Pour 4 personnes
Préparation : 10 minutes
Cuisson : 10 minutes

4 tranches de tendrons de veau de 180-200 g chacune
Le jus de 1 citron
8 feuilles de sauge
40 g de beurre
10 cl de vin blanc sec
Sel et poivre du moulin

1. Faites chauffer le beurre dans une poêle avec les feuilles de sauge, et faites dorer les tranches de viande à feu assez vif, 1 minute de chaque côté. Salez, poivrez et terminez la cuisson des tendrons de 6 à 8 minutes à feu moyen, en les retournant encore 1 fois. Mettez-les dans un plat chaud, couvrez et maintenez au chaud.

2. Laissez la poêle sur le feu, versez le vin blanc et le jus de citron, et raclez bien avec une spatule en bois pour dissoudre les sucs de cuisson. Faites mijoter et réduire d'un tiers environ.

3. Nappez les tendrons de sauce et servez aussitôt.

RIBS RÔTIS
sauce barbecue

Pour 4 personnes
Préparation : 20 minutes
Cuisson : 30 à 40 minutes
Marinade : 6 heures

1 kg de travers de porc coupé en morceaux (ribs)

Pour la marinade :
3 échalotes
2,5 cuill. à soupe de jus de citron frais
12,5 cl de ketchup
40 g de beurre
1 cuill. à soupe de sauce Worcestershire
1 cuill. à soupe de vinaigre de cidre
2 cuill. à soupe de cassonade
2 cuill. à soupe de miel liquide

1. Déposez les ribs dans un plat à gratin.

2. Épluchez et hachez finement les échalotes. Faites-les fondre doucement avec le beurre, en remuant souvent, jusqu'à ce qu'elles soient tendres et translucides. Ajoutez les autres ingrédients de la marinade et 12,5 cl d'eau, mélangez et portez à ébullition. Faites épaissir le mélange de 5 à 10 minutes à petits frémissements, en remuant régulièrement, puis retirez du feu.

3. Versez la marinade sur la viande et retournez plusieurs fois les morceaux pour bien les en imprégner. Couvrez et laissez mariner 6 heures au réfrigérateur.

4. Préchauffez le four à 180 °C (th. 6).

5. Glissez le plat dans le four et faites cuire de 30 à 40 minutes, en retournant 1 ou 2 fois les morceaux et en les badigeonnant de marinade au pinceau. Servez à la sortie du four, dans le plat de cuisson.

POUR LES DÎNERS D'ÉTÉ
★★★

PETITES TERRINES DE POMMES

Pour 4 personnes
Préparation : 30 minutes
Cuisson : 1 h 10 à 1 h 20

4 pommes
Le jus de ½ citron
2 œufs
80 g de beurre + un peu pour les moules
80 g de sucre en poudre

1. Épluchez les pommes, coupez-les en quatre et retirez le cœur et les pépins. Arrosez-les aussitôt de jus de citron.

2. Préchauffez le four à 120 °C (th. 4).

3. Disposez les pommes dans un plat antiadhésif légèrement beurré et faites-les cuire environ 20 minutes.

4. Faites fondre le beurre et laissez-le tiédir. Cassez les œufs et battez-les en omelette.

5. Sortez les pommes du four. Augmentez la température à 160 °C (th. 5-6) et beurrez 4 moules à cake individuels. Saupoudrez les pommes de sucre, en remuant doucement à la fourchette, puis incorporez le beurre fondu et les œufs, en mélangeant très doucement pour ne pas trop briser les fruits.

6. Répartissez la préparation dans les moules, placez-les dans un bain-marie, enfournez et faites cuire de 50 minutes à 1 heure. Vérifiez la cuisson en piquant une pointe fine dans une terrine : elle doit en ressortir sèche.

7. Laissez tiédir un peu à la sortie du four et démoulez.

GRATIN DE PRUNES MERINGUÉ

Pour 4 personnes
Préparation : 15 minutes
Cuisson : 15 minutes
Macération : 1 heure

1 kg de prunes (reines-claudes, quetsches)
3 jaunes d'œufs
25 cl de crème liquide
40 g de sucre en poudre
1 cuill. à soupe de Maïzena®
Beurre pour le moule

Pour la meringue :
3 blancs d'œufs
1 cuill. à soupe de sucre glace

1. Rincez et essuyez les prunes, coupez-les en deux et dénoyautez-les. Mettez-les dans un plat creux, saupoudrez-les de sucre et laissez macérer 1 heure.

2. Préchauffez le four à 210 °C (th. 7). Beurrez un plat à gratin.

3. Transvasez les prunes dans une passoire, laissez-les bien égoutter et récupérez le jus. Étalez-les dans le plat.

4. Mélangez les jaunes d'œufs et la Maïzena®, puis délayez avec la crème et le jus sucré des prunes. Versez sur les fruits et enfournez. Faites cuire 10 minutes.

5. Sortez le plat du four et allumez le gril.

6. Battez les blancs d'œufs en neige très ferme en saupoudrant de sucre glace à la fin. Recouvrez-en le gratin, en créant un décor à la poche à douille ou à la cuillère. Glissez le plat 2 ou 3 minutes sous le gril, jusqu'à ce que la surface commence juste à blondir. Laissez tiédir un peu avant de servir.

FONDANT AUX ABRICOTS

Pour 4 personnes
Préparation : 20 minutes
Cuisson : 45 à 50 minutes

6 gros abricots
70 g de beurre
+ un peu pour le moule
2 œufs
150 g de farine
120 g de sucre en poudre
+ un peu pour le moule
1 sachet de levure chimique

1. Coupez le beurre en morceaux dans un petit saladier et laissez-les ramollir à température ambiante.

2. Préchauffez le four à 180 °C (th. 6). Beurrez un petit moule à manqué et tapissez le fond de papier sulfurisé. Enduisez à nouveau de beurre et saupoudrez de sucre.

3. Rincez et essuyez les abricots, coupez-les en deux et retirez les noyaux. Disposez-les côte à côte dans le fond du moule, en les posant sur leur face bombée.

4. Fouettez le beurre ramolli avec le sucre jusqu'à ce que le mélange devienne mousseux, puis, sans cesser de fouetter, incorporez successivement les œufs, la farine et la levure.

5. Versez la pâte sur les fruits, lissez-la à la spatule et enfournez. Faites cuire de 45 à 50 minutes, en couvrant de papier sulfurisé dès que la surface est bien dorée.

6. Laissez tiédir 10 minutes à la sortie du four, puis retournez le gâteau sur un plat et servez.

CLAFOUTIS
de fruits d'été

Pour 4 personnes
Préparation : 30 minutes
Cuisson : 35 à 40 minutes

2 pêches
2 nectarines
4 abricots
3 œufs
20 cl de crème liquide
20 cl de lait
40 g de beurre
+ un peu pour le plat
150 g de sucre en poudre
+ un peu pour servir
60 g de farine
80 g de poudre d'amandes
2 cuill. à soupe d'amandes effilées

POUR LES DÎNERS D'ÉTÉ

1. Plongez les pêches 30 secondes dans une casserole d'eau bouillante, sortez-les avec une écumoire et rafraîchissez-les aussitôt dans un bain d'eau froide. Pelez-les, coupez-les en deux et retirez les noyaux. Épluchez et dénoyautez les nectarines en procédant de la même manière si la peau adhère beaucoup. Recoupez ces fruits en quatre, et les abricots en deux.

2. Préchauffez le four à 180 °C (th. 6). Beurrez largement un plat à four.

3. Cassez les œufs dans un saladier et battez-les avec le sucre. Ajoutez progressivement la farine, en la saupoudrant, puis incorporez la crème, le lait et le beurre fondu, sans cesser de fouetter pour obtenir une pâte bien lisse. Ajoutez la poudre d'amandes et mélangez.

4. Déposez les fruits dans le plat, versez régulièrement la pâte, puis parsemez d'amandes effilées. Enfournez et faites cuire de 35 à 40 minutes.

5. Laissez tiédir un peu à la sortie du four et saupoudrez de sucre juste avant de servir.

FONDANT AUX POMMES

Pour 4 personnes
Préparation : 30 minutes
Cuisson : 40 à 45 minutes
Réfrigération : 3 heures

1,2 kg de pommes
Le zeste et le jus de 1 citron
3 cuill. à soupe de sucre en poudre
2 cuill. à soupe de gélatine en poudre

Pour le caramel :
80 g de sucre en poudre
1 cuill. à soupe de jus de citron

POUR LES ENFANTS SAGES ★★★

1. Préparez le caramel : faites chauffer doucement le sucre avec 3 cuillerées à soupe d'eau et le jus de citron, en remuant 2 ou 3 fois. Quand il est complètement fondu, laissez cuire doucement, sans remuer, pour obtenir un caramel doré. Versez-le dans un petit moule rond et inclinez celui-ci dans tous les sens pour bien recouvrir le fond.

2. Préchauffez le four à 180 °C (th. 6).

3. Épluchez les pommes, coupez-les en quatre et retirez le cœur et les pépins. Recoupez-les en lamelles régulières de 3 ou 4 mm d'épaisseur et arrosez-les de jus de citron. Mélangez le sucre et la gélatine dans un bol.

4. Déposez une couche de pommes en rosace dans le moule, puis continuez de remplir, par couches successives, en parsemant de zeste de citron et en poudrant de sucre et de gélatine au fur et à mesure.

5. Couvrez le moule d'une feuille de papier d'aluminium, placez-le dans un bain-marie déjà chaud, enfournez et faites cuire de 40 à 45 minutes.

6. Laissez tiédir, démoulez, puis réservez au moins 3 heures au réfrigérateur.

GRATIN D'AGRUMES

Pour 4 personnes
Préparation : 30 minutes
Cuisson : 10 minutes

2 oranges
1 pamplemousse rose
10 cl de jus d'orange frais
4 jaunes d'œufs
10 cl de crème liquide
4 cuill. à soupe de sucre en poudre + un peu pour caraméliser

1. Préchauffez le four à 200 °C (th. 6-7). Beurrez 4 ramequins individuels.

2. Pelez les oranges et le pamplemousse à vif, en retirant la peau blanche avec l'écorce. Séparez ensuite les quartiers en les détachant de part et d'autre de la petite membrane qui les enveloppe.

3. Disposez-les en cercle ou en rosace dans les ramequins, en les alternant.

4. Battez les jaunes d'œufs avec le sucre jusqu'à ce que le mélange blanchisse, puis incorporez la crème et le jus d'orange sans cesser de fouetter. Nappez les quartiers d'agrume de cette crème, enfournez et faites cuire 10 minutes.

5. Laissez tiédir 5 minutes à la sortie du four avant de servir. Vous pouvez saupoudrer la surface de sucre et caraméliser rapidement au chalumeau, comme une crème brûlée.

POUR LES GRANDS DÉBUTANTS
★★★

PAIN D'ÉPICE PERDU, *compote de coings*

Pour 4 personnes
Préparation : 15 minutes
Cuisson : 30 minutes

8 tranches de pain d'épice rassis
2 beaux coings
2 œufs
15 cl de lait
50 g de beurre
100 g de sucre en poudre

1. Préparez la compote : épluchez les coings, coupez-les en quatre et enlevez les pépins. Recoupez la chair en dés, puis mettez-les dans une casserole avec le sucre et 1 petit verre d'eau. Amenez à ébullition, couvrez et laissez cuire environ 20 minutes à petit feu, pour obtenir une compote épaisse.

2. Dans un plat creux, battez les œufs en omelette, puis incorporez le lait.

3. Faites chauffer 25 g de beurre dans une poêle. Trempez 4 tranches de pain d'épice dans le mélange œuf-lait pour qu'elles s'imbibent. Égouttez-les délicatement et déposez-les dans le beurre chaud. Laissez dorer les tranches de pain d'épice de 2 à 3 minutes de chaque côté, puis enlevez-les de la poêle et gardez-les au chaud.

4. Mettez le beurre restant dans la poêle et répétez l'opération avec les 4 tranches restantes.

5. Servez le pain d'épice perdu chaud, accompagné de la compote de coings tiède.

POUR LES SOIRÉES D'HIVER ★★★

BISCUIT ROULÉ
à l'orange

Pour 4 personnes
Préparation : 30 minutes
Cuisson : 10 minutes
Réfrigération : 1 heure

400 g de marmelade d'oranges

Pour le biscuit :
4 œufs
20 g de beurre fondu + un peu pour la plaque
100 g de sucre en poudre
100 g de fécule
Sel

1. Préchauffez le four à 210 °C (th. 7). Recouvrez une plaque de papier sulfurisé et enduisez-le de beurre.

2. Cassez les œufs en séparant les blancs des jaunes. Faites blanchir les jaunes en les fouettant avec le sucre en poudre. Incorporez le beurre fondu refroidi, puis la fécule, en mélangeant au fur et à mesure. Battez les blancs en neige très ferme avec 1 pincée de sel, puis incorporez-les délicatement à la préparation précédente.

3. Étalez la pâte sur le papier sulfurisé, en lissant avec une spatule pour bien recouvrir les coins. Enfournez et faites cuire 10 minutes.

4. Retournez délicatement le biscuit sur un torchon, ôtez le papier de cuisson et recouvrez d'un autre torchon, juste humide. Laissez refroidir et retirez-le.

5. Étalez uniformément les trois quarts de la marmelade sur le biscuit, puis roulez le gâteau en soulevant délicatement le côté le plus long à l'aide du torchon. Réservez 1 heure au réfrigérateur.

6. Faites chauffer légèrement le reste de la marmelade pour la ramollir puis, à l'aide d'un pinceau, recouvrez-en tout le gâteau. Remettez au frais jusqu'au moment de servir.

POUR LES
REPAS FESTIFS
★★★

GAUFRES
à la rhubarbe

Pour 8 gaufres
Préparation : 20 minutes
Cuisson : 4 minutes par gaufre
Repos : 2 heures

1 œuf
12,5 cl de lait + un peu pour la levure
30 g de beurre fondu
125 g de farine
1 cuill. à soupe de sucre en poudre
1 sachet (5 g) de levure de boulanger
Sel
Huile pour le gaufrier

Pour la compote :
500 g de rhubarbe
100 g de sucre en poudre

POUR LES ENFANTS SAGES

1. Cassez l'œuf dans un bol et battez-le avec 1 pincée de sel et le sucre en poudre. Délayez la levure dans le lait tiédi.

2. Mettez la farine et la levure délayée dans un saladier et creusez un puits au centre. Versez-y l'œuf battu, puis progressivement le lait et le beurre fondu, sans cesser de fouetter, jusqu'à l'obtention d'une pâte parfaitement lisse. Couvrez et laissez reposer au moins 2 heures à température ambiante.

3. Rincez et essuyez les tiges de rhubarbe, puis coupez-les en petits tronçons, en retirant au fur et à mesure les plus gros fils. Mettez-les dans une casserole, saupoudrez de sucre et faites cuire de 10 à 15 minutes à feu moyen. Laissez tiédir.

4. Faites chauffer le gaufrier et huilez légèrement les deux côtés. Versez une petite louche de pâte dans une moitié du gaufrier et répartissez-la dans les alvéoles en inclinant doucement le moule dans tous les sens. Fermez-le et retournez-le aussitôt pour que la pâte encore liquide couvre également l'autre face. Laissez cuire environ 2 minutes de chaque côté, puis démoulez délicatement.

5. Au moment de servir, nappez chaque gaufre d'un peu de compote de rhubarbe.

PANCAKES
aux fruits rouges

Pour 4 personnes
Préparation : 15 minutes
Cuisson : 2 à 4 minutes par pancake
Repos : 30 minutes

200 g d'un mélange de fruits rouges (frais ou surgelés)
2 œufs
15 cl de lait
130 g de farine
½ sachet de levure chimique
2 cuill. à soupe de sucre en poudre
Beurre pour la poêle
Sel

1. Cassez les œufs en séparant les blancs des jaunes.

2. Mélangez la farine, le sucre et la levure dans un grand bol et faites un puits au centre. Battez les jaunes d'œufs avec le lait et versez-les, sans cesser de remuer, jusqu'à ce que la pâte soit homogène et bien lisse. Laissez reposer 30 minutes.

3. Battez les blancs d'œufs en neige très ferme avec 1 pincée de sel, incorporez-les délicatement à la pâte, puis ajoutez les fruits et mélangez doucement.

4. Faites cuire les pancakes dans une poêle à blini légèrement beurrée, en les retournant, comme les crêpes, quand le premier côté est bien doré. Au fur et à mesure de leur cuisson, glissez les pancakes sur un plat et servez-les tièdes.

POUR LES SUPER GOURMANDS ★★★

CRÊPES FOURRÉES
aux marrons

Pour 4 personnes
Préparation : 15 minutes
Cuisson : 8 minutes
Réfrigération : 3 heures

200 g de crème de marrons vanillée
100 g de chocolat noir
35 cl de crème liquide

Pour la pâte :
2 œufs
35 cl de lait
30 g de beurre fondu
60 g de farine de froment
80 g de farine de châtaigne
1 pincée de sel
Huile ou beurre pour la poêle

1. Préparez la pâte : tamisez les deux farines ensemble avec le sel dans un saladier et creusez le centre. Cassez les œufs dans un bol et fouettez-les vivement avec le tiers du lait. Versez-les petit à petit sur la farine, sans cesser de tourner pour les incorporer au fur et à mesure. Mélangez avec une spatule en ramenant peu à peu la farine des bords vers le milieu. Ajoutez progressivement le reste du lait, en remuant toujours, jusqu'à ce que la pâte soit lisse et sans grumeaux. Incorporez le beurre fondu en fouettant vivement. Laissez reposer au frais pendant 2 heures environ.

2. Faites cuire 8 crêpes fines dans une poêle antiadhésive huilée ou beurrée, empilez-les au fur et à mesure sur une assiette et laissez refroidir.

3. Versez 15 cl de crème dans un bol et placez au congélateur pendant une dizaine de minutes, puis fouettez la crème bien froide en chantilly ferme. Incorporez ensuite délicatement la crème de marrons, en mélangeant de bas en haut avec un fouet, pour obtenir une mousse légère.

4. Répartissez la préparation sur les crêpes, puis repliez ou enroulez les crêpes sur cette garniture. Recouvrez d'un film transparent et mettez au réfrigérateur.

5. Cassez le chocolat en petits morceaux et faites-les fondre à feu très doux ou au bain-marie. Délayez petit à petit avec le reste de crème.

6. Au moment de servir, nappez chaque crêpe d'un peu de sauce au chocolat.

TOURTE AUX PRUNES

Pour 4 personnes
Préparation : 35 minutes
Cuisson : 30 à 35 minutes
Macération : 1 heure
Repos : 12 heures

400 g de pâte brisée
750 g de quetsches
ou de reines-claudes
60 g de sucre en poudre
1 jaune d'œuf délayé dans
un peu d'eau pour la dorure

1. La veille, rincez et essuyez les prunes, coupez-les en deux et dénoyautez-les. Mettez-les dans un saladier, saupoudrez-les de sucre et laissez macérer 1 heure. Versez le tout dans une casserole, faites chauffer doucement et laissez cuire 20 minutes à feu doux, en remuant souvent, pour les réduire en compote épaisse. Laissez refroidir complètement.

2. Le jour même, préchauffez le four à 180 °C (th. 6).

3. Beurrez un moule de 22 cm de diamètre. Étalez 2 disques de pâte de 2 ou 3 mm d'épaisseur, le premier un peu plus grand que le moule, le second, sensiblement de même taille.

4. Garnissez le moule avec le plus grand disque de pâte, en le laissant dépasser. Piquez le fond avec une fourchette et humidifiez le tour au pinceau.

5. Étalez uniformément les prunes sur le fond de tarte, puis recouvrez du second disque de pâte. Soudez bien les bords en pinçant avec les doigts, recoupez nettement le tour et dorez la surface au jaune d'œuf. Enfournez et faites cuire de 30 à 35 minutes, jusqu'à ce que la pâte soit bien dorée.

6. Laissez reposer 10 minutes à la sortie du four avant de servir.

PRUNE

TARTELETTES AU CARAMEL

Pour 4 personnes
Préparation : 15 minutes
Cuisson : 10 à 15 minutes

1 rouleau de pâte sablée
50 g de beurre
10 cl de crème liquide
100 g de sucre en poudre
30 g de chocolat noir

1. Préchauffez le four à 180 °C (th. 6).

2. Préparez 4 moules à tartelette de 10 à 12 cm de diamètre. Déroulez la pâte et découpez 4 disques un peu plus grands. Garnissez les moules. Recoupez nettement le bord et piquez le fond avec une fourchette. Couvrez de papier sulfurisé et de légumes secs et faites cuire de 10 à 12 minutes. Dès que la pâte est juste dorée, sortez du four, enlever le papier sulfurisé et les légumes secs et laissez refroidir.

3. Faites fondre le beurre et le sucre dans une petite casserole et laissez cuire à feu doux jusqu'à l'obtention d'un caramel ambré. Délayez lentement avec la crème en remuant, puis retirez du feu et ajoutez le chocolat coupé en petits morceaux. Attendez qu'il fonde et mélangez à nouveau.

4. Versez le caramel chaud dans les fonds de tarte, puis laissez refroidir sans mettre au réfrigérateur. Servez à température ambiante.

POUR LES GRANDS DÉBUTANTS ★★★

COULANTS CHOCOLAT-PIMENT

Pour 4 personnes
Préparation : 20 minutes
Cuisson : 10 à 15 minutes
Réfrigération :
30 minutes à 1 heure

5 œufs
200 g de beurre
+ un peu pour les moules
200 g de chocolat noir
200 g de sucre en poudre
15 g de farine
Piment d'Espelette

1. Coupez le chocolat et le beurre en petits morceaux dans un saladier et faites-les fondre ensemble au bain-marie. Ajoutez le sucre en remuant. Retirez du bain-marie, puis sans cesser de remuer incorporez successivement les œufs, un à un, la farine et 1 ou 2 pincées de piment d'Espelette.

2. Beurrez légèrement 4 petites cocottes et répartissez-y la préparation au chocolat. Réservez de 30 minutes à 1 heure au réfrigérateur.

3. Préchauffez le four à 180 °C (th. 6).

4. Glissez les cocottes dans le four, sans le couvercle, et faites cuire de 10 à 15 minutes, jusqu'à ce que se forme une fine croûte. Prolongez légèrement la cuisson si la surface vous semble encore très molle. Servez à la sortie du four.

POUR LES SUPER GOURMANDS
★★★

CROUSTADE
pommes-pruneaux

Pour 4 personnes
Préparation : 30 minutes
Cuisson : 15 à 20 minutes
Macération : 1 heure

8 feuilles de brick
4 pommes
150 g de pruneaux moelleux dénoyautés
100 g de beurre
4 cuill. à soupe d'armagnac
Sucre glace
4 cuill. à soupe de sucre en poudre

1. Épluchez les pommes. Coupez-les en quartiers en retirant le cœur et les pépins. Mettez-les dans un plat creux, arrosez d'armagnac, saupoudrez de sucre en poudre et laissez macérer 1 heure.

2. Hachez sommairement les pruneaux au couteau. Égouttez les quartiers de pomme et faites-les revenir 5 minutes à la poêle, avec 20 g de beurre, en les retournant une fois. Faites fondre le reste du beurre et laissez-le refroidir.

3. Préchauffez le four à 180 °C (th. 6).

4. Enduisez 4 feuilles de brick de beurre fondu et superposez-les dans un moule rond assez haut, en les laissant dépasser du bord. Déposez les pommes et les pruneaux dans le moule, puis repliez les feuilles vers le centre. Recouvrez avec 3 des feuilles restantes, beurrées à chaque fois, et glissez les bords à l'intérieur du moule.

5. Beurrez la dernière feuille de brick, coupez-la en bandes et disposez celles-ci dessus, en les pliant plusieurs fois comme un ruban, ou en les froissant pour faire un décor. Enfournez et faites cuire de 15 à 20 minutes. Démoulez et saupoudrez de sucre glace. Servez tiède.

CIGARES AUX AMANDES

Pour 12 cigares
Préparation : 35 minutes
Cuisson : 35 minutes

6 feuilles de brick
120 g de poudre d'amandes
120 g de miel
60 g de sucre en poudre
¼ de cuill. à café de cannelle moulue
2 cuill. à soupe d'eau de fleur d'oranger
Huile de friture

1. Réunissez la poudre d'amandes, le sucre, la cannelle et l'eau de fleur d'oranger dans un saladier et mélangez jusqu'à l'obtention d'une pâte homogène. Partagez-la en petites boules de la taille d'une grosse noix et roulez-les à la main en bâtonnets.

2. Taillez 2 longs rectangles dans chaque feuille de brick. Déposez un bâtonnet de pâte d'amandes à une extrémité, rabattez la base, puis les longs côtés du rectangle sur cette garniture, et roulez régulièrement la feuille autour, pour former des petits cylindres.

3. Faites chauffer 1 cm d'huile dans une grande poêle à bord haut. Faites tiédir le miel dans une petite casserole.

4. Plongez les cigares par petites quantités dans l'huile chaude et faites-les dorer de tous côtés. Retirez-les au fur et à mesure à l'aide d'une écumoire, puis égouttez-les quelques instants sur du papier absorbant. Trempez-les ensuite dans le miel tiède et mettez-les à refroidir sur une grille.

CROUSTILLANTS AU CITRON

Pour 4 personnes
Préparation : 20 minutes
Cuisson : 8 à 10 minutes

6 feuilles de brick
10 cl de jus de citron
100 g de beurre fondu
50 cl de lait
80 g de sucre en poudre
2 cuill. à soupe de Maïzena®
Sucre glace

1. Préchauffez le four à 180 °C (th. 6). Recouvrez une plaque de papier sulfurisé.

2. Étalez les feuilles de brick sur le plan de travail et découpez dans chacune 4 disques identiques de 10 à 12 cm de diamètre. Rangez-les sur la plaque, en les enduisant de beurre au fur et à mesure sur toute leur surface et en les superposant 2 par 2. Faites cuire de 8 à 10 minutes, jusqu'à ce que la pâte soit dorée et croustillante. Procédez en 2 fois si nécessaire. Laissez refroidir.

3. Dans une casserole, délayez la Maïzena® et le sucre en poudre avec un peu de lait, puis versez le reste du lait et le jus de citron en remuant. Portez doucement à ébullition et faites épaissir 1 ou 2 minutes à feu doux, sans cesser de remuer. Retirez du feu et laissez refroidir.

4. Posez 2 feuilles de brick dans un plat et recouvrez-les de crème au citron. Renouvelez l'opération et terminez par 2 disques de pâte. Faites ainsi 4 croustillants et poudrez-les de sucre glace.

FRUITS EN TEMPURA

Pour 4 personnes
Préparation : 20 minutes
Cuisson : 20 minutes

1 pomme
1 poire
1 banane
2 tranches d'ananas (frais ou au sirop léger)
Le jus de 1 citron
Huile de friture
Farine

Pour la pâte :
175 g de farine
1 jaune d'œuf
35 cl d'eau glacée

1. Épluchez les fruits. Coupez la pomme et la poire en huit, retirez le cœur et les pépins et recoupez chaque quartier en tranches. Pelez la banane et coupez-la en rondelles épaisses. À l'aide d'un pinceau, badigeonnez-les aussitôt de jus de citron. Égouttez l'ananas et recoupez les tranches en petits triangles.

2. Préparez la pâte : battez très légèrement le jaune d'œuf à la fourchette ou avec des baguettes dans un grand bol, versez l'eau glacée et fouettez 2 ou 3 fois. Saupoudrez de farine et mélangez à nouveau rapidement, sans chercher à supprimer les grumeaux.

3. Faites chauffer un bain de friture à 180 °C. Étalez de la farine dans une assiette.

4. Farinez légèrement les morceaux de fruits, l'un après l'autre, puis trempez-les dans la pâte et plongez-les au fur et à mesure dans l'huile chaude, par petites quantités à la fois. Faites-les frire 1 ou 2 minutes, jusqu'à ce que la pâte se boursoufle sans dorer.

5. Au fur et à mesure de leur cuisson, sortez les beignets du bain de friture à l'aide d'une écumoire et égouttez-les sur du papier absorbant. Servez aussitôt.

BANANES AU GINGEMBRE

Pour 4 personnes
Préparation : 15 minutes
Cuisson : 15 minutes

4 bananes
Le jus de 1 citron
1 cuill. à soupe de gingembre confit
2 cuill. à soupe de sucre blond en poudre
20 g de beurre

1. Hachez finement le gingembre confit au couteau.

2. Préchauffez le four à 210 °C (th. 7).

3. Découpez 4 carrés de papier sulfurisé de 25 cm de côté et étalez-les sur le plan de travail. Beurrez largement le centre.

4. Épluchez les bananes, coupez-les en rondelles épaisses et disposez-les sur la partie beurrée. Arrosez-les aussitôt de jus de citron, puis parsemez de gingembre confit et saupoudrez de sucre.

5. Formez des papillotes. Fermez-les hermétiquement, sans les serrer, en repliant les bords du papier. Placez-les sur la lèchefrite ou une plaque et enfournez. Faites cuire 15 minutes.

6. Laissez tiédir 5 minutes avant de servir, en laissant chacun ouvrir sa papillote.

POUR LES GRANDS DÉBUTANTS ★★★

FLAN À L'ORANGE

Pour 4 personnes
Préparation : 20 minutes
Cuisson : 50 minutes

1 orange non traitée
4 gros œufs
50 cl de lait
100 g de sucre en poudre

Pour le caramel :
3 cuill. à soupe de jus d'orange frais
Quelques gouttes de jus de citron
80 g de sucre en poudre

1. Brossez l'orange sous l'eau froide, essuyez-la, puis frottez-la contre une râpe fine et récupérez le zeste. Pressez-la et gardez le jus.

2. Préparez le caramel dans une petite casserole : faites chauffer le sucre à feu doux avec les jus d'orange et de citron, en secouant la casserole d'avant en arrière pour répartir la chaleur. Quand il est fondu, laissez cuire 1 ou 2 minutes sans remuer, pour obtenir un caramel doré. Versez-le dans un moule et inclinez celui-ci dans tous les sens pour bien recouvrir le fond. Laissez refroidir.

3. Préchauffez le four à 160 °C (th. 5-6). Faites bouillir le lait.

4. Cassez les œufs dans un saladier et fouettez-les avec le sucre. Incorporez ensuite le lait très chaud, puis le jus et le zeste de l'orange sans cesser de remuer, jusqu'à l'obtention d'une crème bien lisse. Versez-la dans le moule caramélisé, placez celui-ci dans un bain-marie, enfournez et faites cuire environ 50 minutes. Vérifiez que la crème est prise en y piquant une pointe fine.

5. Laissez refroidir complètement à la sortie du four et démoulez en renversant le flan sur un plat.

BAVAROIS AU CITRON

Pour 4 personnes
Préparation : 20 minutes
Cuisson 20 minutes
Réfrigération : 1 heure
Congélation : 15 minutes

4 citrons
20 cl de crème liquide
120 g de sucre en poudre
3 feuilles de gélatine

POUR LES ACCROS DE LA BALANCE ★★★

1. Brossez 1 citron sous l'eau froide, essuyez-le et frottez-le sur une râpe fine pour récupérer le zeste. Plongez celui-ci 1 minute dans l'eau bouillante, égouttez-le et renouvelez une fois l'opération.

2. Pressez les 4 citrons. Mesurez le jus obtenu et complétez si nécessaire pour obtenir 15 cl.

3. Faites ramollir les feuilles de gélatine dans un bol d'eau froide.

4. Versez la crème dans un grand bol et mettez à refroidir 15 minutes au congélateur.

5. Faites chauffer doucement le sucre avec le jus de citron, en remuant de temps en temps. Quand il est complètement dissous, ajoutez le zeste, portez à ébullition et faites cuire 5 minutes. Retirez du feu.

6. Égouttez les feuilles de gélatine, plongez-les dans le sirop de citron et remuez pour les faire fondre. Laissez refroidir.

7. Fouettez la crème froide en chantilly assez ferme. Mélangez-la délicatement à la gelée de citron froide mais encore fluide. Répartissez la préparation dans 4 moules et laissez prendre au moins 1 heure au réfrigérateur.

8. Démoulez ou servez directement dans les moules.

MOUSSE CHOCOLAT-PRALINÉ

Pour 4 personnes
Préparation : 20 minutes
Cuisson : 20 minutes
Réfrigération :
4 à 6 heures

60 g de chocolat à pâtisserie au praliné
60 g de chocolat noir à 70 % de cacao
20 g de beurre
15 cl de crème liquide
2 cuill. à soupe de noisettes

1. Broyez les noisettes au mixeur ou au pilon pour leur donner une consistance de gros sable.

2. Versez la crème liquide dans un saladier et mettez l'ensemble à refroidir environ 15 minutes dans la partie la plus froide du réfrigérateur ou au congélateur.

3. Cassez les chocolats en petits morceaux et faites-les fondre doucement, sans remuer, dans un bain-marie pas trop chaud. Retirez du bain-marie, incorporez le beurre coupé en petits cubes et remuez pour obtenir une crème bien lisse. Ajoutez les noisettes et mélangez.

4. Fouettez la crème en chantilly assez souple. Mélangez rapidement 2 ou 3 cuillerées à soupe de chantilly à la crème au chocolat, pour l'alléger, puis incorporez délicatement le reste, en soulevant de bas en haut.

5. Répartissez dans des coupelles ou des verrines et réservez de 4 à 6 heures au réfrigérateur.

POUR LES ENFANTS SAGES ★★★

INGRÉDIENTS

CRÉMETS
aux nectarines

Pour 4 personnes
Préparation : 20 minutes
Égouttage : 12 heures
Congélation : 15 minutes

2 petites nectarines
400 g de fromage blanc en faisselle
15 cl de crème liquide
1 blanc d'œuf
4 cuill. à soupe de sucre en poudre

POUR LES ACCROS DE LA BALANCE ★★★

1. La veille, mettez le fromage blanc dans une passoire posée sur un saladier. Placez-le au réfrigérateur et laissez-le s'égoutter.

2. Le jour même, versez la crème dans un grand bol et mettez l'ensemble 15 minutes environ au congélateur. Épluchez les nectarines. Coupez-les en deux et retirez les noyaux. Taillez quelques lamelles et réservez-les pour le décor, puis hachez le reste au couteau en très petits dés.

3. Fouettez la crème en chantilly ferme, en saupoudrant 1 cuillerée à soupe de sucre à la fin.

4. Dans un saladier, fouettez quelques instants le fromage blanc à la main, avec le reste du sucre, pour le rendre onctueux. Mélangez-le rapidement aux dés de nectarine, sans insister, puis incorporez délicatement la crème Chantilly.

5. Battez le blanc d'œuf en neige très ferme et incorporez-le à la préparation.

6. Répartissez dans des petits moules, si possible perforés, et réservez au réfrigérateur jusqu'au moment de servir. Démoulez sur des assiettes froides et décorez de quelques lamelles de nectarine.

RIZ AU LAIT
sauce chocolat

Pour 4 personnes
Préparation : 15 minutes
Cuisson : 40 minutes

1 l de lait entier frais
2 cuill. à soupe de crème liquide
130 g de riz rond
100 g de sucre roux ou blanc en poudre
40 g de pastilles de chocolat noir
1 bâton de cannelle
1 gousse de vanille

1. Rincez abondamment le riz dans une passoire. Plongez-le 1 minute dans l'eau bouillante puis égouttez-le.

2. Versez le lait dans une cocotte, ajoutez le sucre, le bâton de cannelle et la gousse de vanille fendue en deux et grattée. Versez le riz en pluie et faites cuire environ 40 minutes à feu très doux, en remuant souvent. Goûtez et prolongez éventuellement un peu la cuisson du riz, pour que les grains soient fondants et parfaitement tendres.

3. Ôtez la gousse de vanille et le bâton de cannelle, laissez refroidir, puis répartissez le riz au lait dans 4 mini-cocottes pour personnaliser la présentation.

4. Au dernier moment, mettez le chocolat avec la crème dans une petite casserole et faites fondre à feu très doux. Remuez pour obtenir une sauce bien lisse et versez-en 1 cuillerée à soupe sur chaque petite cocotte de riz juste avant de servir.

POUR LES
SUPER
GOURMANDS
★★★

staub
staub

VERRINES POIRES-CASSIS

Pour 4 personnes
Préparation : 30 minutes
Réfrigération : 2 heures

4 demi-poires au sirop léger
100 g de cassis (frais ou surgelés)
4 biscuits de Reims (ou 4 boudoirs)
6 cuill. à soupe de gelée de cassis
100 g de mascarpone
1 blanc d'œuf

1. Brisez sommairement les biscuits et répartissez-les au fond de 4 verrines assez grandes.

2. Faites chauffer légèrement 2 cuillerées à soupe de gelée de cassis pour la liquéfier et nappez-en les biscuits.

3. Fouettez vivement le mascarpone avec le reste de gelée de cassis jusqu'à l'obtention d'une crème onctueuse et homogène. Battez le blanc d'œuf en neige très ferme, puis incorporez-le délicatement au mélange précédent.

4. Égouttez les poires et coupez-les en petits cubes. Réservez quelques grains de cassis pour le décor et mélangez le reste aux dés de poire. Répartissez les fruits dans les verrines, sur les boudoirs, et recouvrez de mascarpone au cassis. Décorez de quelques grains de cassis et réservez au moins 2 heures au réfrigérateur.

POUR LES GRANDS DÉBUTANTS ★★★

MOUSSES D'ANANAS

Pour 4 personnes
Préparation : 20 minutes
Réfrigération : 1 heure
Congélation : 15 minutes

400 g d'ananas au sirop léger
12 cl de crème liquide
2 cuill. à soupe de sucre glace
2 feuilles de gélatine
Noix de coco râpée
(facultatif)

1. Faites ramollir les feuilles de gélatine dans un bol d'eau froide. Versez la crème dans un grand bol et placez l'ensemble 15 minutes au congélateur.

2. Égouttez l'ananas et conservez 10 cl de sirop. Coupez les tranches en morceaux, mettez-les dans le bol d'un robot et mixez en purée très fine.

3. Faites chauffer doucement le sirop réservé dans une petite casserole, ajoutez les feuilles de gélatine égouttées puis pressées entre les doigts, et remuez jusqu'à ce qu'elles soient bien fondues. Mélangez le sirop à la gélatine et à la purée d'ananas.

4. Battez la crème en chantilly, en ajoutant petit à petit le sucre glace à la fin. Incorporez-la délicatement à la purée d'ananas. Répartissez la mousse dans 4 coupelles ou verrines et réservez au moins 1 heure au réfrigérateur. Parsemez éventuellement de noix de coco râpée avant de servir.

GASPACHO
banane-ananas

Pour 4 personnes
Préparation : 15 minutes
Réfrigération : 1 heure

4 bananes
3 tranches d'ananas au sirop léger
Le jus de 1 citron
15 cl de lait de coco
1 cuill. à soupe de noix de coco râpée

1. Égouttez les tranches d'ananas. Hachez-les en tout petits dés au couteau. Répartissez-les dans 4 verres.

2. Épluchez les bananes et coupez-les en rondelles épaisses. Mettez-les dans le bol d'un robot avec le jus de citron et le lait de coco, puis mixez-les en purée fine et lisse, en ajoutant éventuellement un peu d'eau glacée si la consistance est trop épaisse. Versez sur les dés d'ananas et réservez 1 heure au réfrigérateur.

3. Au dernier moment, parsemez un peu de noix de coco râpée sur le dessus et servez très frais.

VERRINES TRICOLORES

Pour 4 personnes
Préparation : 15 minutes

4 petites bananes
Le jus de 1 citron
4 tranches d'ananas au sirop léger
4 demi-pêches au sirop léger
2 cuill. à soupe de sucre en poudre

1. Égouttez les pêches et l'ananas en les posant quelques minutes sur du papier absorbant. Taillez-les séparément au couteau en tout petits dés.

2. Pelez les bananes. Écrasez-les à la fourchette avec le jus de citron et le sucre.

3. Remplissez 4 verrines d'une couche régulière de dés de pêche, puis de banane et enfin d'ananas. Réservez au réfrigérateur jusqu'au moment de servir.

POUR LES
ACCROS DE
LA BALANCE
★★★

POIRES À LA CANNELLE

Pour 4 personnes
Préparation : 15 minutes
Cuisson : 30 minutes
Réfrigération : 12 heures

4 poires mûres mais fermes
½ citron
1 bâton de cannelle
50 g de sucre blond en poudre

POUR LES ACCROS DE LA BALANCE ★★★

1. Préchauffez le four à 200 °C (th. 6-7).

2. Mélangez le sucre et 10 cl d'eau dans une petite casserole et faites chauffer doucement en remuant 1 ou 2 fois. Quand le sucre est complètement fondu, portez à ébullition, puis retirez du feu et laissez tiédir.

3. Épluchez les poires, coupez-les en deux et retirez le cœur. Frottez-les aussitôt avec le citron et mettez-les dans une terrine munie d'un couvercle, en glissant le bâton de cannelle entre les fruits. Versez le sirop, enfournez et faites cuire de 20 à 30 minutes, jusqu'à ce que les poires soient juste tendres.

4. Retirez la cannelle et sortez délicatement les poires avec une écumoire. Déposez-les dans une coupe. Récupérez le jus de cuisson dans une petite casserole et faites-le réduire à feu vif pour lui donner une consistance sirupeuse. Nappez-en les poires, couvrez et réservez au réfrigérateur jusqu'au lendemain. Servez très frais.

BOULES DE NEIGE À LA PÊCHE

Pour 4 personnes
Préparation : 30 minutes
Cuisson : 30 minutes
Réfrigération : 1 heure

500 g de pêches au sirop léger (poids égoutté)
4 blancs d'œufs
2 cuill. à soupe d'amandes effilées
2 cuill. à soupe de sucre glace
Sel

1. Faites légèrement dorer les amandes à sec.

2. Égouttez les pêches, mettez-les dans le bol d'un robot électrique et mixez-les en purée fine. Versez dans une coupe évasée ou 4 coupelles individuelles et placez au réfrigérateur.

3. Battez les blancs en neige ferme avec 1 pincée de sel, en ajoutant petit à petit le sucre glace à la fin.

4. Faites bouillir une grande casserole d'eau, puis baissez le feu et maintenez-la juste frémissante. Formez des boules de blanc en neige entre deux cuillères humides et posez-les sur l'eau. Laissez cuire 15 secondes, retournez-les avec une écumoire et faites cuire de l'autre côté de la même manière. Dès que les boules sont bien gonflées, retirez-les au fur et à mesure à l'aide d'une écumoire et mettez-les à refroidir sur du papier absorbant.

5. Déposez les boules sur le coulis de pêches et réservez 1 heure au réfrigérateur. Parsemez d'amandes au moment de servir.

SORBET À LA PASTÈQUE

Pour 4 personnes
Préparation : 20 minutes
Cuisson : 20 minutes
Congélation : 2 heures

1,2 kg de chair de pastèque rouge
1 orange non traitée
1 noix de gingembre frais
50 g de sucre en poudre

POUR LES DÎNERS D'ÉTÉ ★★★

1. Pelez et hachez le gingembre aussi finement que possible ou râpez-le.

2. Brossez l'orange sous l'eau froide, essuyez-la, puis frottez-la contre une râpe fine et récupérez le zeste. Pressez-la et gardez le jus.

3. Préparez un sirop en faisant bouillir le jus d'orange et le sucre avec le zeste d'orange et le gingembre. Retirez du feu et laissez refroidir complètement.

4. Épépinez la pastèque. Coupez la chair en cubes et mixez-les en purée fine avec le sirop. Versez la préparation dans une sorbetière et laissez prendre au moins 2 heures au congélateur.

KULFI

Pour 4 personnes
Préparation : 20 minutes
Cuisson : 10 minutes
Congélation : 3 heures

600 g de lait concentré non sucré
3 cuill. à soupe de sucre en poudre
2 cuill. à soupe de crème fraîche épaisse
2 gousses de cardamome verte
8 filaments de safran
1 cuill. à soupe d'amandes effilées
1 cuill. à soupe de pistaches décortiquées non salées

1. Broyez les amandes et les pistaches au pilon ou au mixeur pour leur donner une consistance de gros sable.

2. Versez le lait concentré dans une petite casserole, ajoutez les gousses de cardamome et le sucre, et faites chauffer doucement en remuant jusqu'à ce que ce dernier soit complètement fondu. Portez à la limite de l'ébullition et laissez cuire 10 minutes à feu très doux, sans cesser de remuer.

3. Arrêtez le feu et retirez la cardamome. Ajoutez le safran, mélangez bien et laissez infuser jusqu'à complet refroidissement.

4. Ajoutez la crème fraîche, les amandes et les pistaches, et mélangez à nouveau. Versez dans une sorbetière et réservez 1 heure au congélateur.

5. Quand la préparation est suffisamment épaisse sans être dure, répartissez-la dans 4 moules individuels ou des cônes à glace. Laissez encore au moins 2 heures au congélateur.

POUR LES ENFANTS SAGES

SORBET À L'ORANGE SANGUINE

Pour 4 personnes
Préparation : 30 minutes
Congélation : 2 heures

1,5 kg d'oranges sanguines
4 cuill. à soupe de sirop de grenadine
15 cl de sirop de sucre de canne

1. Pelez les oranges à vif. Retirez la peau blanche avec l'écorce en laissant apparaître la pulpe, puis séparez les quartiers au-dessus d'un bol pour récupérer le jus qui s'écoule.

2. Passez les quartiers d'orange à la centrifugeuse ou mixez-les au robot électrique et filtrez ensuite la pulpe obtenue.

3. Dans un saladier, mélangez le sirop de sucre, tout le jus des oranges et le sirop de grenadine. Versez dans une sorbetière et laissez prendre 2 heures au congélateur.

POUR LES ACCROS DE LA BALANCE ★★★

INDEX DES RECETTES

CRÉDITS

Toutes les recettes sont de Martine Lizambard, les photographies sont de Bernard Radvaner et le stylisme de Motoko Okuno, sauf pour les recettes suivantes :

Recettes : Sylvie Girard-Lagorce : p. 32 ; Lucia Pantaleoni : p. 66, 86, 120, 114 ; D. R. : p. 80 ; Véronique Liégeois : p. 82 ; David Batty/Marion Beilin : p. 83, 110 ; Marion Beilin : p. 84 ; Ulrike Skadow : p. 142 ; Solveig Darrigo-Dartinet : p. 148 ; Véronique Cauvin : p. 156, 174.

Photographies : Pierre Chivoret : p. 33, 115 ; Valery Guedes : p. 51, 67, 121 ; Éric Fénot : p. 73, 81, 87 ; Anthony Lanneretonne : p. 82 ; Amélie Roche : p. 111 ; Guillaume Czerw : p. 143 ; Caroline Faccioli : p. 149, 151.

Stylisme : Alexia Janny-Chivoret : p. 33, 83, 111, 115 ; Natacha Arnoult : p. 51, 67, 121 ; Delphine Brunet : p. 73, 81, 87 ; Carine Zurbach : p. 82 ; Sophie Dupuis-Gaulier : p. 143 ; Sabine Paris : p. 149 ; 151.